Einstieg in Java und OOP

Christian Silberbauer

Einstieg in Java und OOP

Grundelemente,
Objektorientierung,
Design-Patterns
und Aspektorientierung

2., aktualisierte und erweiterte Auflage

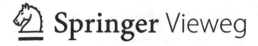 Springer Vieweg

Christian Silberbauer
Regensburg, Deutschland
christian.silberbauer@javaundoop.de
https://javaundoop.de

ISBN 978-3-662-61308-5   ISBN 978-3-662-61309-2   (eBook)
https://doi.org/10.1007/978-3-662-61309-2

Die Deutsche Nationalbibliothek verzeichnet diese Publikation in der Deutschen Nationalbibliografie;
detaillierte bibliografische Daten sind im Internet über http://dnb.d-nb.de abrufbar.

Planung/Lektorat: Sybille Thelen
Springer Vieweg ist ein Imprint der eingetragenen Gesellschaft Springer-Verlag GmbH, DE und ist ein
Teil von Springer Nature.
Die Anschrift der Gesellschaft ist: Heidelberger Platz 3, 14197 Berlin, Germany

Vorwort

Es kann ganz schön anstrengend sein, das Programmieren zu erlernen. Aber es kann auch ziemlich viel Spaß machen! Grundsätzlich kann man sagen, dass es erheblich leichter fällt, wenn man es lernen *will* und es nicht lernen *muss.* (Möglicherweise zwingt Sie Ihr Professor, Ihr Lehrer oder Ihr Arbeitgeber dazu?) Ich möchte damit sagen, dass Sie eine gewisse Grundbegeisterung für die Sache mitbringen sollten, sonst wird das nichts! Im Idealfall fangen Ihre Augen an zu glänzen, wenn Sie das Wort *Java* nur hören, in jedem Fall wäre ein wenig Enthusiasmus aber schon angebracht.

Eine Programmiersprache zu lernen ist eine Sache, das Programmieren an sich zu lernen, eine andere. Ersteres bedeutet, sich die Sprachkonstrukte anzueignen, letzteres heißt, die dahinterliegenden Konzepte zu verstehen. Dieses Buch versucht, Ihnen primär Programmierkonzepte zu vermitteln und zwar anhand der Programmiersprache Java. Es legt keinen Wert darauf, Ihnen Java in allen Einzelheiten näher zu bringen. Die zugrunde liegenden Konzepte zu verstehen, ist für einen Softwareentwickler weit wichtiger, als sämtliche Details einer x-beliebigen Programmiersprache zu kennen. Programmiersprachen kommen und gehen, viele ihrer angewandten Konzepte bleiben aber bestehen und tauchen in anderen, neueren Sprachen wieder auf. Haben Sie also erst einmal die Konzepte einer Sprache verstanden, ist es gar nicht so schwer, eine neue, artverwandte Programmiersprache zu erlernen.

In den einzelnen Kapiteln werden zunächst anhand vieler Java-Beispiele Grundelemente der Programmierung eingeführt. Diese bilden die Basis für die anschließende Beschreibung der Objektorientierten Programmierung (kurz: OOP). Dann stelle ich Ihnen einige erweiterte Java-Konzepte vor. Zum Abschluss folgt ein Ausflug in die Welt der Design Patterns. In den fortlaufenden Text eingeflochten sind Exkurse. Sie liefern entweder Hintergrundinformationen zu dem aktuellen Thema, um für ein besseres Verständnis zu sorgen oder beinhalten jeweils ergänzende Informationen. Viel Wert wurde auch auf die Ausarbeitung der beiden Übungsblöcke gelegt, sodass Sie Neuerlerntes umgehend anwenden können und so Ihr Wissen festigen.

Bevor ich begonnen habe, dieses Lehrbuch zu schreiben, habe ich sicherheitshalber ein, zwei andere Bücher gelesen (könnten auch ein paar mehr gewesen sein…), um zu sehen, wie andere Autoren so vorgehen. Dabei habe ich festgestellt, dass zu Beginn oft Hinweise an den Leser gegeben werden, wie denn das

Buch gelesen werden kann, d. h., welche Kapitel wichtig, welche unwichtig sind, ob man beim Lesen auch bei einem beliebigen Kapitel in der Mitte beginnen kann etc. Mein Tipp für dieses Buch: Beginnen Sie vorne und lesen Sie es bis zum Ende durch. Dieses Buch ist eher vergleichbar mit einem Roman oder einem Krimi, als mit einem Nachschlagewerk. Es hat gewissermaßen eine *Story*. Ein Zeichenprogramm, das sich fast durch alle Kapitel zieht, wird nach und nach entwickelt. So gestaltet sich das Buch sehr praxisnah. Dafür muss man es aber von vorne bis hinten lesen und kann sich nicht so ohne weiteres einzelne Kapitel herausgreifen. Wenn Sie bei einem Krimi die Passagen über den Gärtner einfach überspringen, werden Sie am Ende auch nicht verstehen, warum er der Mörder gewesen sein soll.

Ich möchte auch nicht abwägen, welche Kapitel nun wichtiger und welche weniger wichtig sind. Das Buch behandelt die Grundlagen der Objektorientierten Programmierung, und diese sind meiner Ansicht nach alle gleich wichtig. Alles was ich für nebensächlich halte, habe ich ohnehin nicht behandelt. Dadurch ergibt sich auch das schlanke (programmiererfreundliche) Format des gedruckten Werkes.

Tatsächlich wäre das einzige, das Sie von mir aus nicht unbedingt hätten lesen müssen, das Vorwort gewesen, aber um dieses noch zu überspringen ist es jetzt auch schon zu spät. ;)

Viel Freude beim Lesen!

Regensburg   Christian Silberbauer
im Dezember 2008

Vorwort zur 2. Auflage

Kennen Sie diese Bücher, die es schon in der 17. Auflage gibt und in denen für jede einzelne Auflage ein neues Vorwort hinzugekommen ist? – ich schon, und ich finde das nervig. Allerdings bin ich ja erst bei der 2. Auflage und daher ist *eine* kleine Ergänzung vorne weg noch zumutbar, wie ich finde.

Was ist also hinzugekommen? Neben einzelnen kleinen Korrekturen, Verbesserungen und Ergänzungen ist insbesondere ein neues Kapitel über Reflection, vor allem aber über Aspektorientierte Programmierung hinzugekommen. Eine sinnvolle Ergänzung zur Objektorientierten Programmierung. Sie schließt Lücken.

Tja, das wär's auch schon gewesen.

Nochmals: Viel Freude beim Lesen!

Regensburg
im August 2020

Christian Silberbauer
christian.silberbauer@javaundoop.de
https://javaundoop.de

Inhaltsverzeichnis

Exkursverzeichnis

Klassischerweise beginnt nahezu jedes Schriftstück, das die Einführung in eine Programmiersprache behandelt, mit einem Hello-World-Programm. Natürlich würde ich nicht im Traum daran denken, diese Tradition zu brechen. Es handelt sich hier gewissermaßen um ein Dogma der Vereinigung der Programmierbuchautoren, dem sich zu widersetzen mit dem Fegefeuer oder Ähnlichem bestraft wird. Aus diesem Grund folgt hier das einführende Programm aller einführenden Programme:

```java
public static void main(String[] args) {

    // Gibt "Hello World" aus
    System.out.println("Hello World");
}
```

Das Programm ist sehr kurz. Dementsprechend bewirkt es auch herzlich wenig; um genau zu sein, beschränkt es sich darauf, den Text *Hello World* auf der Bildschirmkonsole auszugeben. `public static void main` usw. mit der anschließenden geschweiften öffnenden Klammer und der geschweiften schließenden Klammer am Ende stellen gewissermaßen das Grundgerüst des Programms dar. `main()` ist die Funktion, die jedes Javaprogramm beinhalten muss, da es mit dieser Funktion startet – immer. Die kryptischen Zeichenfolgen links und rechts von `main`, also `public static void` und die `String[] args`, beschreiben die Funktion näher. Weiteres dazu folgt später. `System.out.println` schließlich ist die Funktion, die die Bildschirmausgabe bewirkt. Als Parameter erhält sie den String, die Zeichenfolge, *Hello World*. Solche Strings werden in Java in Anführungszeichen geschrieben.

Hello World ist natürlich nur irgendein x-beliebiger String, der ausgegeben werden könnte. Genauso könnte man `System.out.println("Hallo Welt")` schreiben, um *Hallo Welt* auf dem Bildschirm auszugeben oder `System.out.println("Hallo Hans")` oder `System.out.println("Hallo Christian")` oder `System.out.println("Das ist ein`

© Springer-Verlag GmbH Deutschland, ein Teil von Springer Nature 2020
C. Silberbauer, *Einstieg in Java und OOP*,
https://doi.org/10.1007//978-3-662-61309-2_1

`ganz blöder Text, der wahrscheinlich noch nie auf einer Bildschirmkonsole ausgeben wurde."`) oder man gibt alles auf einmal aus, indem man all diese `System.out.println()` nacheinander in dem Programm angibt.

Hierbei anzumerken seien noch folgende beiden Sachverhalte: Zum einen eine Kleinigkeit: Mit `System.out.println()` wird am Ende des Strings immer ein Zeilenumbruch durchgeführt. Es gibt auch eine `System.out.print()`-Anweisung, mit der kein Zeilenumbruch am Ende des Strings erfolgt.

Zum anderen: Am Ende der Anweisung `System.out.println ("Hello World")` steht ein Semikolon („;"). Das ist bei Weitem die wichtigere Anmerkung, da in Java grundsätzlich jede einfache Anweisung mit einem Semikolon endet. Daran sollte man immer denken, da dies erfahrungsgemäß gerade von Programmierneulingen gerne vergessen wird.

Wie in nahezu jeder Programmiersprache gibt es in Java auch *Kommentare*. Kommentare gehören nicht wirklich zum Programmcode. Wird das Programm übersetzt, werden Kommentare ignoriert. Vielmehr helfen sie dem Programmierer, seinen eigenen Code zu verstehen. In Java gibt es zwei Möglichkeiten, um zu kommentieren. Sie verwenden zwei Schrägstriche („//") zur Einleitung eines Kommentars, wodurch alles, was hinter diesen beiden Schrägstrichen bis zum Zeilenende steht, ein Kommentar ist. Sie können Ihren Kommentar aber auch zwischen einem „/*" und einem „*/" einklammern und damit einen beliebigen Bereich als Kommentar verwenden, ganz gleich ob über mehrere Zeilen hinweg oder nur über einen Teil einer Zeile.

Auch weiter oben in unserem ersten Beispielprogramm kommt ein Kommentar vor, und zwar: ‚Gibt „Hello World" aus'.

Das Übersetzen eines Java-Programms

Lassen Sie es mich einmal so formulieren: Im Inneren seines Herzens ist Ihr Computer ein ziemlich primitiver Zeitgenosse. Er versteht nur sehr einfache, präzise Anweisungen wie z. B. „Addiere die zwei Zahlen x und y", „Springe in dem Programm an eine bestimmte Stelle und fahre dort mit der Abarbeitung fort" oder „Speichere einen Wert z an einer bestimmten Stelle im Speicher". Dies tut er aber äußerst schnell! Theoretisch können Sie, wenn Sie wollen, mit Ihrem Computer auf diesem Niveau kommunizieren. Sie können ihm Anweisungen geben, die er dann eins zu eins mit seinem *Befehlssatz* umsetzen kann. Aber glauben Sie mir: Das macht keinen Spaß!

Empfehlenswert ist es deshalb, eine Programmiersprache wie Java zu verwenden, welche es erlaubt, Ihrem Computer – hauptsächlich dem sog. *Prozessor* – Anweisungen auf einem abstrakteren Niveau zu erteilen. Das funktioniert so: Sie schreiben abstrakte Anweisungen und erstellen somit den sog. *Quellcode* Ihres Programms. Dieses Programm wird dann üblicherweise durch einen sog. *Compiler* in *Maschinensprache* übersetzt, also in jene Sprache, die Ihr Prozessor versteht und deshalb Befehl für Befehl abarbeiten kann. Der Compiler wandelt dabei jede einzelne abstrakte Anweisung in eine Vielzahl konkreter maschinenlesbarer Anweisungen um.

Tatsächlich ist der Übersetzungsvorgang eines Java-Programms noch ein wenig komplizierter, wie die folgende Abbildung zeigt:

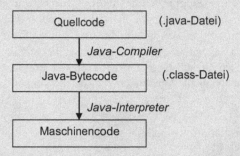

Sie erstellen den Quellcode, welcher in einer Datei mit der Endung „.java" gespeichert wird. Mittels Java-Compiler wird daraus dann zunächst ein Zwischencode, ein sog. *Java-Bytecode*, erzeugt. Klassischerweise wird beim Aufruf des Programms der Bytecode sukzessive durch den Java-Interpreter in Maschinencode umgewandelt und zur Ausführung gebracht. Warum erzeugt der Java-Compiler nicht gleich Maschinencode? Nun ja, durch diesen Zwischenschritt wird für Plattformunabhängigkeit gesorgt. Der zu erzeugende Maschinencode ist abhängig vom Rechner, auf welchem er ausgeführt werden soll, und auch vom Betriebssystem. Deshalb wird zunächst der Quellcode in einen Java-Bytecode übersetzt, der unabhängig von diesen Faktoren ist. In Kombination mit einem plattformspezifischen Java-Interpreter kann dann der Bytecode auf beliebigen Systemen ausgeführt werden.

Getting started
Sie wollen das Hello-World-Programm zum Laufen bringen, wissen aber nicht so recht, wie? Mal sehen, ob ich Ihnen dabei ein wenig helfen kann.

Grundsätzlich können Sie Ihren Java-Quellcode in einem beliebigen Texteditor schreiben, die entsprechende Datei mit der Endung „.java" speichern, diese mit Hilfe des Java-Compilers übersetzen und die daraus resultierende „.class"-Datei unter Verwendung des Java-Interpreters zur Ausführung bringen. Compiler, Interpreter und das notwendige Equipment erhalten Sie kostenfrei auf der Homepage der Firma *Oracle,* der Herstellerfirma von Java, unter:

https://www.oracle.com/technetwork/java/javase/downloads/index.html

Sie müssten dazu auf dieser Seite das *Java SE Development Kit* (JDK) herunterladen.

Statt einen gewöhnlichen Texteditor für die Programmierung zu verwenden, würde ich Ihnen empfehlen, eine ordentliche Java-Entwicklungsumgebung einzusetzen. Derartige Programme unterstützen Sie bestmöglich bei der Java-Programmierung. Sie integrieren z. B. den Compiler und den Interpreter, stellen einen Debugger zur Verfügung oder unterstützen Sie direkt bei der Eingabe des Quellcodes, indem sie Schlüsselwörter hervorheben oder bekannte Namen automatisch vervollständigen. Eine meiner Meinung nach sehr gute Entwicklungsumgebung für Java bietet *Eclipse*. Sie können Eclipse kostenfrei unter

http://www.eclipse.org/downloads

herunterladen. Wählen Sie auf der entsprechenden Seite das Produkt *Eclipse IDE for Java Developers*. Die Installation von Eclipse besteht lediglich im Entpacken der ZIP-Datei. Entpacken Sie Eclipse am besten in das Verzeichnis, in welches Sie auch Ihre übrigen Programme installieren (z. B. unter Windows in C:\Programme). Sie können Eclipse im Anschluss daran starten, indem Sie im Verzeichnis *eclipse* die gleichnamige Anwendung ausführen.

Bevor Eclipse gestartet werden kann, muss auf Ihrem Rechner die Java-Laufzeitumgebung (Java Runtime Environment, JRE) installiert sein. Die JRE benötigen Sie, um Java-Programme ausführen zu können. Sie können die JRE unter derselben Adresse herunterladen, unter der auch das JDK erreichbar ist. Möglicherweise ist die JRE auf Ihrem Rechner aber ohnehin bereits installiert (Haben Sie z. B. schon einmal ein Java-Applet im Internet gestartet?). Sie können dies feststellen, indem Sie in der Systemsteuerung im Verzeichnis Ihrer installierten Software nachsehen (falls Sie Windows nutzen). Oder Sie versuchen einfach Eclipse zu starten. Falls es einwandfrei hochfährt, ist die JRE installiert.

Das JDK ist eine echte Obermenge der JRE; es beinhaltet die JRE. Das JDK ist eigentlich für Java-Entwickler – also für Sie – gedacht *(Java Development Kit)*. Wenn Sie Eclipse benutzen, ist aber dennoch die JRE ausreichend, da Eclipse selbst die notwendigen Ent-wicklungswerkzeuge bereithält. In der JRE befindet sich beispielsweise kein Java-Compiler, dafür ist ein solcher aber Bestandteil von Eclipse.

Die JRE (und demzufolge auch das JDK) beinhaltet eine große Anzahl an vorgefertigtem Java-Code, den wir in unsere Programme integrieren können. Beispielsweise wird die oben verwendete Funktion `System.out.println()` von der JRE bereitgestellt. Aus diesem Grund müssen wir nicht selbst die Ausgabe auf den Bildschirm programmieren, sondern wir verwenden einfach diese Funktion. Dieser vorgefertigte Java-Code ist – wie jeder Java-Code – in sog. *Klassen* organisiert (wir werden auf das Thema *Klassen* später noch sehr ausführlich eingehen). Wir bezeichnen diese Zusammen-stellung von Standardklassen, welche durch die JRE bereitgestellt werden, als *Java-Klassenbibliothek* oder als *Standardklassenbibliothek*.

Sofern Sie eine JRE installiert haben, sollte Eclipse beim ersten Start folgendes Fenster anzeigen:

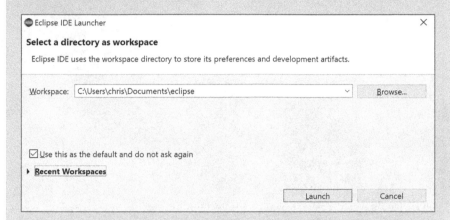

Eclipse fordert Sie auf, einen *Workspace* auszuwählen. Sie müssen also angeben, in welchem Verzeichnis Ihre zukünftigen Java-Projekte gespeichert werden sollen. Suchen Sie sich dafür am besten ein Verzeichnis, in dem Sie auch sonst Ihre eigenen Dokumente aufbewahren.

Als nächstes wird Ihnen beim ersten Start von Eclipse die obige Willkommensmaske angezeigt. Wechseln Sie zur Workbench, und Sie sehen Ihre übliche Eclipse-Arbeitsoberfläche wie sie die folgende Abbildung zeigt:

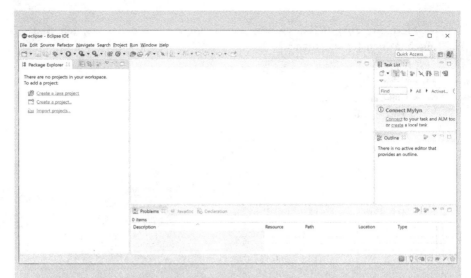

Um nun ein neues Projekt anzulegen, klicken Sie auf *File/New/Java Project:*

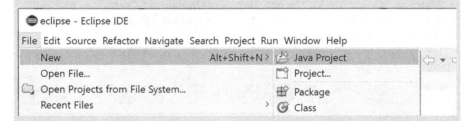

Geben Sie in der folgenden Maske den Projektnamen an, hier *Hello-World,* und klicken Sie auf *Finish:*

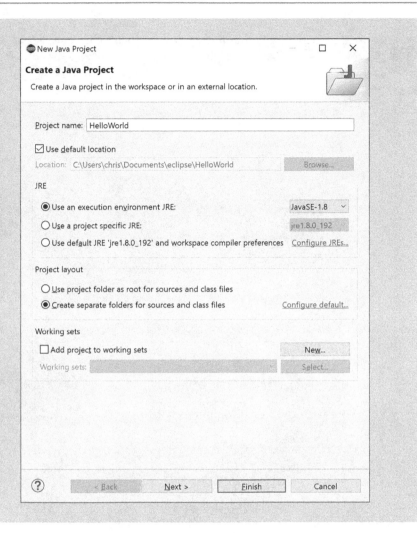

Im Anschluss daran legen Sie in dem Projekt *HelloWorld* eine Klasse mit der Bezeichnung `HelloWorld` an:

Dann kann's ja losgehen! Geben Sie das Hello-World-Programm in Eclipse ein:

Sie können nun das fertige Programm übersetzen, indem Sie den Menüpunkt *Run/Run* wählen oder das nachfolgend markierte Icon in der Symbolleiste anklicken:

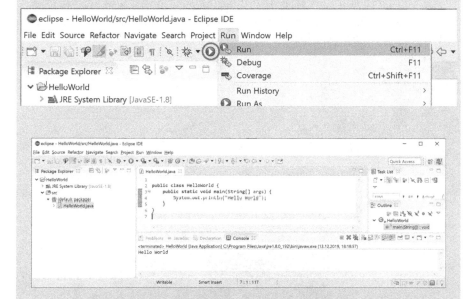

Das war's! Ihr Hello-World-Programm wurde ausgeführt. Sie sehen die Ausgabe *Hello World* in der Konsole im unteren Drittel des Fensters.

Beachten Sie bitte, dass sich das Hello-World-Programm von dem eingangs beschriebenen Beispiel unterscheidet. Damit daraus tatsächlich ein echtes Java-Programm wird, müssen Sie die main()-Funktion in eine Klasse packen, sie also in folgendes Gerüst stecken:

```
public class Klassenname {

    ...

}
```

Erklärungen zu diesem Gerüst folgen in Kap. 3. *Objektorientierung.*
Bitte berücksichtigen Sie dies auch für die noch folgenden Beispiel-
programme: Sie müssen die angegebenen Funktionen stets innerhalb
einer Klasse positionieren, damit sie als vollständige Javaprogramme
übersetzt und ausgeführt werden können.

Einen letzten Aspekt zu Eclipse möchte ich an dieser Stelle noch
ansprechen: Das Thema *Dokumentation der Java-Klassenbibliothek.* Sie
erhalten zu jeder Komponente der Java-Klassenbibliothek eine Dokumentation,
wenn Sie mit dem Cursor einen entsprechenden Bezeichner fokussieren (setzen
Sie den Cursor beispielsweise in Ihrem Programm auf `println()`) und dann
die F1-Taste drücken. Standardmäßig wird Eclipse versuchen, die gewünschte
Dokumentation aus dem Internet herunterzuladen. Sollten Sie keine
permanente Internetverbindung besitzen, empfehle ich Ihnen, die komplette
Dokumentation von der Oracle-Homepage herunterzuladen und anschließend
Ihre lokale Dokumentation in Eclipse zu integrieren. Sie erhalten die *Java SE*
Documentation auf derselben Seite, auf der sich auch das JDK und die JRE
befinden.

Grundelemente der Programmierung 2

2.1 Variablen

Um Dynamik in eine Anwendung zu bringen, benötigt man Variablen. Nur in einer Anwendung, die so primitiv ist, dass sie immer einen statischen Text wie *Hello World* auf dem Bildschirm ausgibt, findet man keine direkte Variablendeklaration. Ein solches Programm ist dafür aber auch ziemlich langweilig. Beim ersten Programmaufruf mag die Hello-World-Ausgabe die Gemüter der Betrachter noch erfreuen, doch spätestens, wenn man das Programm zum 10. Mal startet und es immer noch nichts Kreativeres zustande bringt, als *Hello World* auf den Bildschirm zu schreiben, ist die Begeisterung dahin. Programme sollen auf Benutzereingaben reagieren, Programme sollen Berechnungen durchführen, Programme sollen flexibel sein – und immer benötigt man hierfür Variablen.

Das Ausführen eines Programms
Bevor diese Variablen aber nun näher beleuchtet werden, sei vorab der Fokus auf das gerichtet, was eigentlich beim Ausführen eines Programms im Rechner geschieht. Ausgangspunkt ist, dass Programme auf persistenten Speichermedien, z. B. Festplatten oder CDs, abgespeichert sind. Hier können Daten dauerhaft gespeichert werden – und Programme werden ja auch in Form von Bits und Bytes hinterlegt. Selbst wenn der Computer ausgeschaltet wird, gehen diese Daten nicht verloren; ganz im Gegensatz zum Arbeitsspeicher bzw. Hauptspeicher, der seinen Inhalt beim Herunterfahren wieder vergisst. Der Arbeitsspeicher ist ein *flüchtiger* Speicher.

Wird eine Anwendung gestartet, wird sie zunächst, beispielsweise von der Festplatte aus, in den Arbeitsspeicher geladen. Der Prozessor, der die eigentliche Abarbeitung des Programms verrichtet, holt sich dann nach und nach die einzelnen Befehle vom Arbeitsspeicher und führt sie aus.

© Springer-Verlag GmbH Deutschland, ein Teil von Springer Nature 2020
C. Silberbauer, *Einstieg in Java und OOP*,
https://doi.org/10.1007/978-3-662-61309-2_2

Beispielsweise steht im Arbeitsspeicher die Anweisung: Berechne fünf plus fünf. Der Prozessor liest diese Anweisung, führt die Berechnung (im Rechenwerk) durch und meldet zehn zurück.

Warum aber müssen Programme erst von der Festplatte in den Arbeitsspeicher kopiert werden, damit sie ausgeführt werden können? Der Hauptgrund dafür ist, dass vom Arbeitsspeicher schlichtweg deutlich schneller gelesen werden kann, als von der Festplatte.

So weit, so gut – nun zu den Variablen. Variablen kann man sich als Behälter im Arbeitsspeicher vorstellen. Physikalisch gesehen sind es *Speicherbereiche* im Arbeitsspeicher. Sie haben ein bestimmtes Format, das durch den sog. *Datentyp* festgelegt wird. Programme können während ihrer Ausführung beliebige Werte speichern, sofern diese zum vorgegebenen Format passen. Selbstverständlich können sie auch wieder ausgelesen werden.

In Java stehen folgende *elementare Datentypen* zur Verfügung (was es außer *elementaren* Datentypen noch alles gibt, klären wir später):

Beschreibung	Typ	Beispielwerte	Wertebereich	Speicherbedarf
Zeichen	char	'A', 'B', '$', '%'	Beliebiges Zeichen	2 Byte
Boolescher Wert (wahr, falsch)	boolean	true, false	true, false	1 Byte
Ganze Zahl	byte	-17, 123	-128 bis $+127$	1 Byte
	short		-32.768 bis $+32.767$	2 Byte
	int		$-2.147.483.648$ bis $+2.147.483.647$	4 Byte
	long		$-9.223.372.036.854.775.808$ bis $+9.223.372.036.854.775.807$	8 Byte
Gleitkomma-zahl	float	3,14, 1,414	$-3{,}40282347E+38$ bis $+3{,}40282347E+38$	4 Byte
	double		$-1{,}7976931348623157E+308$ bis $+1{,}7976931348623157E+308$	8 Byte

Man beachte, dass bei Gleitkommazahlen das Dezimaltrennzeichen, wie insbesondere in den USA üblich, mit einem Punkt dargestellt wird und nicht mit einem Komma.

Es folgt nun ein Beispielprogramm mit einer richtigen Variablen:

```java
public static void main(String[] args) {

    int x = 5, quadrat;
    quadrat = x * x;
    System.out.println("Das Quadrat von " + x + " ist " + quadrat);
}
```

oder vielmehr zwei richtigen Variablen, da dieses Programm zwei Variablen benutzt. Die erste heißt x, die zweite quadrat. Was passiert, ist Folgendes: Beide Variablen werden in der ersten Zeile zunächst angelegt. Man spricht hierbei von der *Deklaration* der Variablen. Dabei wird vereinbart, welchen Namen die Variablen haben – also x und quadrat – und welchem Datentyp sie angehören. Beide Variablen gehören dem Typ int an. Sie können also gemäß der obigen Tabelle ganze Zahlen im Wertebereich von $-2.147.483.648$ bis $+2.147.483.647$ beinhalten. Aus einer Variablendeklaration in Java folgt, dass für die Variable Speicherplatz im Arbeitsspeicher reserviert wird. Eine Variable des Typs int benötigt 4 Byte Speicherplatz. x wird anschließend mit dem Wert 5 *initialisiert*. Die Zahl 5 steht dann an dem für x reservierten Bereich im Arbeitsspeicher. Folgende Abbildung zeigt den entsprechenden Auszug aus dem Speicher:[1]

In der nächsten Zeile wird der Wert von x vom Prozessor ausgelesen, dann mit sich selbst multipliziert, und schließlich wird das Ergebnis (also der Wert *25*) in den Speicherbereich geschrieben, der für die Variable quadrat reserviert wurde. Man sagt, der Variablen quadrat wird der Wert 25 *zugewiesen*.

Die dritte und letzte Zeile schließlich gibt uns mithilfe der uns bereits bekannten Methode System.out.println() das Ergebnis auf der Konsole aus. Es erscheint der Text:

Das Quadrat von 5 ist 25

Beachten Sie dabei, dass die beiden Zeichenketten und die beiden Zahlen, die für die Ausgabe an System.out.println() übergeben werden, jeweils mit dem Plus-Operator verknüpft sind.

Übrigens: Die Menge aller Variablen stellt den *Zustand* einer Anwendung dar. Die Menge aller Anweisungen dessen *Verhalten*. Das ist ein Vermerk, über den es sich bei Gelegenheit lohnt, näher nachzudenken – vielleicht noch nicht jetzt, sondern zu einem späteren Zeitpunkt – wenn man mehr Programmiererfahrung gesammelt hat.

---

[1] Bitte beachten Sie, dass sich lediglich die Werte in den rechteckigen Kästen tatsächlich im Arbeitsspeicher befinden. Alles Weitere ist als Kommentierung zu verstehen.

2.2   Operatoren

Lernen Sie in diesem Abschnitt *das kleine* 1*1 *der Operatorenkunde.* Betrachten wir zunächst noch einmal den Ausdruck aus dem vorhergehenden Programm, in dem wir das Quadrat einer Zahl ermittelt haben:

```
quadrat=x * x;
```

Dieser Java-Ausdruck enthält zwei Operatoren, den Mal-Operator („*") und den Zuweisungsoperator („="). Wird der Ausdruck ausgeführt, erfolgt zunächst die Multiplikation und anschließend die Zuweisung. Angenommen x hat den Wert 5, wird zuerst der Wert 25 ermittelt (weil 5 mal 5 gleich 25) und dann der Wert 25 der Variablen quadrat zugewiesen. Die Abarbeitungsreihenfolge für sämtliche Operatoren in Java können Sie der folgenden Tabelle entnehmen:

Priorität	Operatoren	Assoziativität
1	() [] · expr ++ expr-	links
2	! ~ - unär + unär ++ expr -- expr	rechts
3	new (type)	links
4	* / %	links
5	+ -	links
6	<< >> >>>	links
7	<< = >> = instanceof	links
8	== !=	links
9	& (bitweises Und)	links
10	^ (bitweises exclusives Oder)	links
11	| (bitweises Oder)	links
12	&& (logisches Und)	links
13	|| (logisches Oder)	links
14	? :	rechts
15	= += -= *= /= %= ^= &= |= <<= >>= >>>=	rechts

Wie Sie sehen, gibt es in Java sehr viele Operatoren. Ihnen sind Prioritäten fest zugeordnet, die vorgeben, in welcher Reihenfolge in einem Ausdruck die entsprechenden Operationen durchgeführt werden, wobei der Wert 1 die höchste Priorität angibt und 15 die niedrigste. Wollen wir einmal prüfen, ob ich Recht hatte und der Mal-Operator tatsächlich vor dem Zuweisungsoperator bearbeitet wird. Anhand der Tabelle sehen Sie, dass der „*"-Operator die Priorität 4 und der „="-Operator die Priorität 15 hat. Demnach wird „*" vor „=" durchgeführt. Es stimmt also. Sie sehen auch, dass Java sich an die Punkt-Vor-Strich-Regel hält. Multiplikation („*") und Division („/") haben die Priorität 4, Addition („+") und

Subtraktion („−") haben die Priorität 5. Praktischerweise besitzt das runde
Klammerpaar („ (" und „) ") die Priorität 1, wodurch man die Abarbeitungsreihenfolge der anderen Operatoren beliebig manipulieren kann.

Grundsätzlich bestimmen die Prioritäten der Operatoren die Abarbeitungsreihenfolge von Ausdrücken. In einem Ausdruck können aber auch mehrere
Operatoren mit der gleichen Priorität enthalten sein. In einem solchen Fall ist die
sog. *Assoziativität* zu berücksichtigen. Linksassoziative Operatoren werden von
links nach rechts abgearbeitet, rechtsassoziative von rechts nach links. Operatoren
mit denselben Prioritäten sind entweder alle linksassoziativ oder alle rechtsassoziativ.

Operatoren kann man nach ihrer Stelligkeit, also nach der Zahl ihrer Operanden
unterscheiden. In Java gibt es hauptsächlich *unäre* und *binäre* Operatoren.
Unäre Operatoren besitzen einen Operanden, binäre Operatoren besitzen zwei
Operanden. Das Operatorsymbol „−" steht sowohl für einen unären Operator – als
negatives Vorzeichen – als auch für einen binären Operator – für die Subtraktion.
Betrachten Sie den folgenden Ausdruck:

```
y=-x--x;
```

Zunächst wird das negative Vorzeichen für beide x aufgelöst (der unäre
„−"-Operator hat die Priorität 2), anschließend erfolgt die Subtraktion (Priorität 5). Ganz am Ende erfolgt die Zuweisung (Priorität 15). Die Variable y erhält
dabei immer den Wert 0; unabhängig von x. In Java gibt es übrigens auch einen
(einzigen) trinären Operator, also einen Operator mit drei Operanden. Wer wissen
möchte, welcher das ist, muss dies selbst herausfinden. Ich sage nichts.

Die Funktionsweise von Operationen wird nicht nur durch die Operatoren festgelegt, sondern auch durch deren Operanden. Am deutlichsten sehen Sie dies bei
dem Divisionsoperator („/").

```
public static void main(String[] args) {

    int i1 = 3;
    int i2 = 5;
    double d1 = 3.0;
    double d2 = 5.0;

    System.out.println(i2 / i1);    // 1
    System.out.println(d2 / d1);    // 1.6666666666667
    System.out.println(d2 / i1);    // 1.6666666666667
    System.out.println(i2 / d1);    // 1.6666666666667
}
```

Die Werte, die durch dieses Programm mit System.out.println() auf der
Konsole ausgegeben werden, sind jeweils als Kommentar dargestellt. Sie können
daran erkennen, dass eine Division aus zwei ganzen Zahlen (i1 und i2) ein ganz-
zahliges Ergebnis liefert. Stellt hingegen mindestens einer der beiden Operanden
eine Gleitkommazahl dar (d1 oder d2), ist auch das Ergebnis eine Gleitkommazahl. Beachten Sie bitte auch, dass ein konstanter Zahlenwert mit Dezimalpunkt

(z. B. 3.0) immer als Gleitkommazahl interpretiert wird (genauer: als double) und ein Zahlenwert ohne Dezimalpunkt (z. B. 3) als ganze Zahl. Nachfolgendes Programm führt daher zu denselben Ausgaben wie das vorhergehende:

```
public static void main(String[] args) {

    System.out.println(5 / 3);     // 1
    System.out.println(5.0 / 3.0); // 1.6666666666667
    System.out.println(5.0 / 3);   // 1.6666666666667
    System.out.println(5 / 3.0);   // 1.6666666666667
}
```

Passend zur Division möchte ich an dieser Stelle noch einen Querverweis auf den sog. *Modulooperator* („%") anbringen. Mit diesem können Sie den Rest einer Division ermitteln. Die Variable y ist nach Abarbeitung der folgenden Anweisung mit dem Wert 2 initialisiert (da 5 / 3 = 1 Rest 2):

```
int y = 5 % 3;   // y = 2
```

Betrachtet man die Schreibweise von Operatoren, kann man feststellen, dass binäre Operatoren in Java in der sog. *Infixnotation* dargestellt werden; d. h., dass der Operator zwischen den beiden Operanden platziert ist. Es gibt auch Programmiersprachen, in denen dafür die sog. *Präfixnotation* angewendet wird. Hier die beiden Notationen im Vergleich:

Infixnotation: x + y
Präfixnotation: + x y   ← kein gültiger Java-Ausdruck!

In beiden Fällen sind x und y die Operanden für eine Addition. Die Präfixnotation stammt von dem polnischen Mathematiker Jan Lukasiewicz und wird daher auch als *polnische Notation* bezeichnet. Möglicherweise sieht diese Notation für Sie etwas merkwürdig aus, sie hat gegenüber der Infixnotation aber Vorteile bei der technischen Verarbeitung entsprechender Ausdrücke. Dies ist für Sie aber bedeutungslos, solange Sie keinen eigenen Compiler schreiben müssen.

Unäre Operatoren gibt es in Java natürlich nicht in der Infixnotation – wenn es nur einen Operanden gibt, kann der Operator nicht *zwischen* diesem stehen. In Java gibt es sowohl unäre Operatoren in Präfixnotation als auch in Postfixnotation. Der Operator steht also entweder vor oder hinter dem Operanden. Der bereits erwähnte negative Vorzeichenoperator („−") wird beispielsweise in Präfixnotation angewendet.

Ist der Zuweisungsoperator („=") nun eigentlich ein unärer oder ein binärer Operator? Hat er *einen* oder *zwei* Operanden? Raten Sie einfach einmal. Die Antwort lautet: Er ist binär! Da binäre Operanden in Java stets in Infixnotation geschrieben werden, können Sie davon auch ableiten, was seine Operanden sind. Zum einen ist es das Ergebnis des rechten Ausdrucks, der zugewiesen werden soll, und zum anderen ist es die links vom = -Operator stehende Variable, welche diesen Wert erhält. Die Zuweisungsoperation hat im Übrigen auch ein

Ergebnis – wie jede Operation. Es wird aber nur sehr selten abgefragt, wie das z. B. hier der Fall ist:

```
y=x=3;
```

Das ist ein gültiger Java-Ausdruck. Entsprechend unserer Operatorentabelle werden Zuweisungen rechtsassoziativ abgearbeitet. Also wie folgt:

```
(y=(x=3));
```

Der Variablen x wird zunächst der Wert 3 zugewiesen. Das Ergebnis der Zuweisung ist wieder der zugewiesene Wert 3. Im Anschluss wird also auch y auf 3 gesetzt.

2.3 Kontrollstrukturen

Kontrollstrukturen bestimmen den Ablauf eines Programms. Man unterscheidet drei Arten von Kontrollstrukturen: Sequenz, Verzweigung und Schleife. Ich werde sie im Folgenden kurz vorstellen.

2.3.1 Sequenz

Als Kontrollstruktur wird die Sequenz gerne einmal übersehen, da sie (für einen Programmierer) das Normalste von der Welt ist: Anweisungen werden nacheinander ausgeführt, und zwar von *oben* nach *unten*. Unsere bisherigen (beiden) Beispielprogramme haben sich dieser Kontrollstruktur bereits erschöpfend bedient. Deren Anweisungen werden einfach nacheinander von oben nach unten ausgeführt.

```
Anweisung 1
Anweisung 2
Anweisung 3
Anweisung 4
...
```

Zugegebenermaßen ist das etwas langweilig.

2.3.2 Verzweigung

Nicht immer möchte man als Softwareentwickler, dass jede Zeile Code ausgeführt wird. Manchmal möchte man anhand einer Bedingung einen Codeabschnitt ausführen oder diesen Abschnitt nicht ausführen. Ist die *Bedingung* wahr, wird der Codeabschnitt abgearbeitet, ist sie falsch, wird dieser übersprungen.

Ein Beispiel:

```
public static void main(String[] args) {

    int x = 5;

    if (x > 10) {
        System.out.println("x ist größer als 10");
    }
    else {
        System.out.println("x ist nicht größer als 10");
    }
}
```

Eine Verzweigung kann man in Java als sog. if-else-*Anweisung* (oder kürzer formuliert: if-*Anweisung*) implementieren. x > 10 ist die Bedingung. Steht in der Variablen x ein Wert, der größer als 10 ist, wird mit System.out.println() auf der Konsole der Text *x ist größer als 10* ausgegeben. Andernfalls (also else) wird mit System.out.println() auf der Konsole der Text *x ist nicht größer als 10* ausgegeben.

Betrachten wir nun einmal das obige Beispiel: x wird mit 5 initialisiert, d. h., dass an dem für die Variable x reservierten Speicherbereich der Wert 5 geschrieben wird. In der nächsten Zeile wird die Bedingung x > 10 geprüft. x wird demnach aus dem Speicher ausgelesen – dort steht ja bekanntlich eine 5 – und es wird geprüft, ob 5 größer als 10 ist oder nicht. Letzteres ist natürlich der Fall. Das Programm *springt* in den else-Zweig der if-Anweisung und gibt aus: *x ist nicht größer als 10*. Würde x mit 15 initialisiert werden, wäre der if-Zweig ausgeführt worden.

Grundsätzlich benötigt eine if-Anweisung nicht unbedingt einen else-Zweig. Der else-Zweig ist also *optional*. Möchten Sie keinen Sonst-Fall definieren, geschieht in diesem eben nichts Spezielles. Stattdessen wird mit der Abarbeitung der nachfolgenden Anweisung fortgefahren.

Nun einige Erläuterungen zu unserer *Bedingung*: Eine Bedingung ist ein *logischer* bzw. *boolescher Ausdruck*. Ein solcher Ausdruck kann nur zwei mögliche Ergebniswerte liefern: wahr (true) oder falsch (false). Ein logischer Ausdruck liefert einen *booleschen Wert*.

Logische Ausdrücke können durch *Vergleiche* dargestellt werden, und Vergleiche werden wiederum mittels *Vergleichsoperatoren* gebildet.

x > 5 ist ein Vergleich, der einen booleschen Wert als Ergebnis liefert (true/false). Der Vergleichsoperator ist das Größer-Zeichen („>"). In Java sind folgende Vergleichsoperatoren definiert:

Operator	Bezeichnung	Beispielausdruck
<	kleiner	a < b
>	größer	a > b
<=	kleiner-gleich	a <= b

Operator	Bezeichnung	Beispielausdruck
>=	größer-gleich	a>=b
==	ist gleich	a==b
!=	ungleich	a!=b

Bitte verwechseln Sie den Gleichheitsoperator („==") nicht mit dem Zuweisungs-operator („="). Mit Ersterem können Sie zwei Werte auf Gleichheit prüfen, mit Letzterem können Sie einer Variablen einen Wert zuweisen.

Mehrere Vergleiche können durch *logische Operatoren* miteinander verknüpft werden. Solche *logischen Verknüpfungen* stellen auch wieder *logische Ausdrücke* dar. Logische Operatoren sind:

Operator	Bezeichnung	Beispielausdruck
&&	UND	a<b && a<c
||	ODER	a<b || a<c
!	NICHT	!(a<b)

Das *logische UND* bedeutet, dass der Gesamtausdruck nur dann *wahr* zurück-liefert, wenn der Ausdruck links neben dem && und auch gleichzeitig der Aus-druck rechts neben dem && *wahr* ergeben. Bei *ODER* muss mindestens einer der beiden nebenstehenden Ausdrücke *wahr* sein, damit der Gesamtausdruck *wahr* ist. Und der *NICHT-Operator* macht aus einem Ausdruck, der *wahr* ist, einen Ausdruck, der *falsch* ergibt und vice versa. Dieser Sachverhalt wird in den nach-folgenden Tabellen noch einmal im Überblick verdeutlicht:

a	b	a && b
true	true	true
true	false	false
false	true	false
false	false	false

a	b	a || b
true	true	true
true	false	true
false	true	true
false	false	false

a	!a
true	false
false	true

Java bietet neben der if-else-Anweisung auch eine sog. switch-Anweisung,
um Verzweigungen in einem Programm umzusetzen. Diese erlaubt Mehrfachver-
zweigungen. Das folgende Beispielprogramm zeigt mit Blick auf die schon seit
einiger Zeit äußerst geringen Geburtenraten meinen Vorschlag zur Anpassung des
Kindergeldes:

```java
public static void main(String[] args) {

    int anzahlKinder = 3;
    int kindergeld;

    switch (anzahlKinder) {
        case 0: kindergeld = 0; break;
        case 1: kindergeld = 1000; break;
        case 2: kindergeld = 2200; break;
        case 3: kindergeld = 3700; break;
        default: kindergeld = anzahlKinder * 1500;
    }

    System.out.println("Für Ihre " + anzahlKinder +
        " Kinder erhalten Sie ein Kindergeld von " +
        kindergeld + " Euro pro Monat.");
}
```

Die switch-Anweisung wird durch die Anzahl der vorhandenen Kinder parametrisiert. Entsprechend dem Wert von anzahlKinder wird die Variable
kindergeld befüllt. Am Ende wird das ermittelte Kindergeld auf der Konsole
ausgegeben.

Aber Vorsicht! Während Sie mit der if-Anweisung beliebige logische Ausdrücke als Bedingung angeben können, lässt die switch-Anweisung (implizit)
lediglich eine Prüfung auf Gleichheit zu. Abhängig davon, welchen Wert
anzahlKinder hat, wird das Programm beim passenden case fortgesetzt.
Ist für einen Wert kein case definiert, wird der default-Zweig ausgeführt,
sofern ein solcher angegeben wurde. Es ist guter Programmierstil, immer einen
default-Zweig festzulegen. Sehen Sie am Ende der Zeile nach jedem case
die break-Anweisung? Diese dürfen Sie auf keinen Fall vergessen! Durch
break, wird die Ausführung an Ort und Stelle abgebrochen und nach dem
switch-Block wieder fortgesetzt. Angenommen, Sie lassen im obigen Programm
alle break-Anweisungen weg, und die Anzahl der Kinder sei 2. Die Variable
kindergeld wird nun erst auf 2200 gesetzt, wird dann mit dem Wert 3700 überschrieben und schließlich mit dem Wert 4500 (also 3 * 1500) belegt. Wenn Sie
alle breaks weglassen, ist in unserer Anwendung immer der default-Fall ausschlaggebend. Der switch hat noch eine weitere Einschränkung: Hinter case
darf nur ein konstanter Wert stehen, also keine normale Variable.

Was halten Sie eigentlich insgesamt von der Realisierung des obigen
Programms? Sicherlich ist es unsinnig, den Wert der Variablen anzahlKinder
statisch auf den Wert *3* zu setzen. Wir tun dies hier nur, um das Beispiel so kurz
wie möglich zu halten. Normalerweise sollten wir die Zahl von Kindern natürlich

interaktiv einlesen. Der Benutzer wird gefragt, wie viele Kinder er hat; er gibt den Wert in ein Textfeld ein und als Ergebnis wird das Kindergeld zurückgeliefert. Aber was passiert, wenn für die Kinderzahl z. B. -2 angegeben wird? In diesem Fall errechnet unser Programm ein Kindergeld in Höhe von -3000 EUR, was aber keinen Sinn ergibt. Wir müssen also berücksichtigen, dass eine `int`-Variable auch negative Werte beinhalten kann. Andernfalls ist unser Programm fehleranfällig. Wir sollten bei einer negativen Kinderzahl besser mit einer Fehlermeldung reagieren oder zumindest als Kindergeld den Wert 0 ausweisen. Seien Sie also grundsätzlich sorgsam beim Programmieren mit Verzweigungen. Ihr Programm sollte stets für jeden Zweig eine sinnvolle Antwort liefern.

2.3.3 Schleife

Ich fordere Sie auf: Schreiben Sie ein Programm, das *Hello World* auf der Konsole ausgibt.

Sie sagen: Gut, wird gemacht – geht ganz einfach mit `System.out.println()`.

Ich sage: Schreiben Sie ein Programm, das zehnmal *Hello World* ausgibt. Sie sagen: Ok, mit Copy/Paste kann ich das `System.out.println()`. ja schnell verzehnfachen.

Ich sage (sorry, so unverschämt bin ich normalerweise nicht): Ich will 1.000.000 *Hello World!*

Sie sagen: Jetzt reicht's, machen Sie es doch selber!

Diese Aufgabenstellung ist sicherlich ziemlich unsinnig. Sie kann aber zu zwei Erkenntnissen führen:

1. Es kann manchmal schon sinnvoll sein, bestimmte Anweisungen mehrmals hintereinander ausführen zu lassen.
2. Dies mit Copy/Paste zu bewerkstelligen, ist ziemlich statisch: Ändert sich die gewünschte Anzahl der Wiederholungen, muss man als Programmierer viel Quellcode anpassen, was unzureichend und wenig hilfreich sein kann

Die Lösung hierfür sind sog. *Schleifen* bzw. *Wiederholungsanweisungen* oder *Iterationen*, wie sie auch genannt werden. In Java gibt es drei Möglichkeiten, um Schleifen zu implementieren: `for`-Schleifen, `while`-Schleifen und `do-while`-Schleifen. Wir beginnen mit einem Beispiel für eine `for`-Schleife:

```java
public static void main(String[] args) {

    for (int i = 0; i < 5; i++) {
        System.out.println("Hello World");
    }
}
```

Unser Programm gibt fünfmal *Hello World* aus. Die Aufgabenstellung ist zwar immer noch unsinnig, die Lösung ist aber gut. Will man *Hello World* 1.000.000 Mal ausgeben lassen (warum auch immer), ändert man im Programm die Zahl 5 in 1.000.000. Das ist sehr komfortabel.

Die `for`-Schleife wird in der Regel verwendet, wenn man eine Zählervariable benutzen will. Eine Zählervariable wird zu Beginn der Schleife in der Regel mit einem bestimmten Wert initialisiert. Sie wird bei jedem Schleifendurchgang in der Regel verändert – beispielsweise um den Wert 1 erhöht (inkrementiert) oder um den Wert 1 vermindert (dekrementiert). Die Schleife wird solange durchlaufen, wie eine bestimmte Bedingung erfüllt ist. Diese Bedingung ist in der Regel wiederum von der Zählervariablen abhängig.

Und genau auf diesen Sachverhalt (und ähnliche Sachverhalte, die wir hier nicht diskutieren werden), ist die `for`-Schleife syntaktisch eingestellt. Die Struktur der `for`-Schleife sieht wie folgt aus:

> `for` (**Initialisierungsanw.** ; **Ausführbedingung** ; **Aktualisierungsanw.**) {
>
> > **Anweisung(en)**
>
> }

Bei der Abarbeitung der `for`-Schleife wird zunächst einmalig die Initialisierungsanweisung ausgeführt. Das obige Beispiel enthält eine typische Initialisierungsanweisung. Die Zählervariable `i` des Typs `int` wird angelegt und mit 0 vorbelegt. Anschließend wird die Ausführbedingung geprüft. Sie ist ein logischer Ausdruck (logische Ausdrücke wurden im Abschnitt *Verzweigung* vorgestellt). Liefert die Bedingung falsch, bricht die Schleife ab. Liefert die Bedingung wahr, folgen als Nächstes die *normalen* Anweisungen der Schleife. In unserem Beispiel wird geprüft, ob `i` kleiner 5 ist. `i` ist 0, und damit ist die Ausführbedingung wahr. Die `for`-Schleife wird also ausgeführt und *Hello World* wird erstmalig ausgegeben. Nun kommt die Aktualisierungsanweisung zum Einsatz. Sie aktualisiert in der Regel die Zählervariable. In unserem Beispiel steht hier `i++` und `i++` ist nichts anderes als die Kurzform von `i = i + 1`. `i` wird um den Wert 1 erhöht. Es folgt wieder die Ausführbedingung, dann die normalen Anweisungen, die Aktualisierungsanweisung, die Ausführbedingung etc. – und zwar so lange, bis die Ausführbedingung `false` liefert. Sollte die Ausführbedingung – aus welchen Gründen auch immer – nie `false` liefern, hat man eine sog. *Endlosschleife* programmiert, d. h., das Programm würde, auf normalem Wege, nie zu einem Ende finden. Herzlichen Glückwunsch!

Bevor wir das Thema `for`-Schleife abschließen, schauen Sie sich bitte noch einmal genau unser Beispielprogramm an. `i` wird hier mit 0 initialisiert, die Ausführbedingung ist `i < 5` und *Hello World* wird dadurch genau fünfmal ausgegeben – nicht sechsmal, sondern fünfmal! Überlegen Sie sich bitte genau, warum das so ist. Folgende Darstellung hilft Ihnen dabei:

Initialisierung	$i = 0$
Ausführbedingung	Schleifendurchläufe
$0 < 5$	➜ 1. Durchlauf: Ausgabe von „Hello World", $i = 1$
$1 < 5$	➜ 2. Durchlauf: Ausgabe von „Hello World", $i = 2$
$2 < 5$	➜ 3. Durchlauf: Ausgabe von „Hello World", $i = 3$
$3 < 5$	➜ 4. Durchlauf: Ausgabe von „Hello World", $i = 4$
$4 < 5$	➜ 5. Durchlauf: Ausgabe von „Hello World", $i = 5$
$5 < 5$	➜ Abbruch

Kommen wir nun zur `while`- und `do-while`-Schleife. Ihre Syntax ist überschaubarer, als die der `for`-Schleife. Sehen Sie selbst:

```
while (Ausführbedingung)          do {
{                                     Anweisung(en)
    Anweisung(en)                 }
}                                 while (Ausführbedingung);
```

Die `while`-Schleife ist, wie auch die `for`-Schleife, eine *kopfgesteuerte* Wiederholungsanweisung, während die `do-while`-Schleife *fußgesteuert* ist. Fußgesteuerte Schleifen werden mindestens einmal durchlaufen, da erst nach dem ersten Schleifendurchgang eine Prüfung auf Schleifenabbruch erfolgt. Bei kopfgesteuerten Schleifen (also bei `while`- und `for`-Schleifen) ist es auch möglich, dass sie überhaupt nicht durchlaufen werden.

Das Beispiel mit der `for`-Schleife kann man natürlich auch mit einer `while`-Schleife implementieren:

```java
public static void main(String[] args) {

    int i = 0;

    while (i < 5) {
        System.out.println("Hello World");
        i++;
    }
}
```

Auf eines möchte ich noch hinweisen: Bei den Bedingungen der Schleifen spreche ich immer von *Ausführbedingung*. Das hat folgenden Grund: Ist diese Bedingung wahr, wird die Schleife (weiterhin) ausgeführt, ist sie falsch, wird abgebrochen. In anderen Programmiersprachen, z. B. in *Pascal* oder in *BASIC,* gibt es auch Schleifenkonstrukte mit *Abbruchbedingung.* Ist eine solche Bedingung wahr, wird die Schleife abgebrochen; ist sie falsch, wird sie (weiterhin) ausgeführt. Das sollte man nicht durcheinander bringen! In Java gibt es nur Schleifen mit Ausführbedingungen. Das macht die Sache einfacher.

Wenn Sie Schleifen konstruieren, können Sie übrigens das geschweifte Klammerpaar („ { ... } ") um den Anweisungsblock herum weglassen, wenn dieser nur aus einer Anweisung besteht. Dies gilt insbesondere auch für `if-else`-Anweisungen.

Geschichte der Kontrollstrukturen

Nicht immer gab es in der Softwareentwicklung die Kontrollstrukturen Sequenz, Verzweigung und Schleife. 1941 stellte Konrad Zuse seinen berühmten Computer, die Z3 fertig. Dieser Rechner wurde mit Lochstreifen gefüttert, auf denen das Programm codiert war. Befehle für Kontrollstrukturen fehlten hier noch völlig. Es waren (implizit) Sequenzen möglich. Verzweigungen konnten aber nicht realisiert werden. Interessanterweise konnte man Schleifen durchaus programmieren, und zwar mit einem kleinen Trick. Man klebte die beiden Enden eines Lochstreifens zusammen und – voilà! – fertig war die Schleife. Damals hatte Softwareentwicklung eben auch einen gewissen handwerklichen Charakter.

Später wurden bedingte und unbedingte Sprungbefehle, auch als GOTO-Anweisungen bekannt, eingeführt. Insbesondere bedingte Sprungbefehle waren fantastisch: In Abhängigkeit einer Bedingung, also eines logischen Ausdrucks, konnte man an eine beliebige Stelle im Code springen. Damit konnte man prinzipiell sowohl `if`-Anweisungen als auch Schleifen erstellen und hatte auch noch weitere Möglichkeiten: Man konnte beispielsweise Schleifen nicht nur geschachtelt definieren (das kann man mit den Java-Schleifen auch), sondern sie sogar über Kreuz definieren (was eigentlich nicht nötig ist). Durch die unglaubliche Flexibilität konnte man somit ein ziemlich undurchschaubares Durcheinander programmieren. Das Ergebnis war sog. *Spaghetti-Code*, die Folge der hemmungslosen Anwendung des Sprungbefehls.

Aus diesem Grund waren GOTO-Anweisungen bald verpönt. Berühmtheit erlangte der 1968 veröffentlichte Aufsatz *Go To Statement Considered Harmful* [4] des Computerpioniers Edsger W. Dijkstra, in dem erläutert wird, warum man den GOTO-Befehl besser nicht verwenden sollte. Brian W. Kernighan und Dennis M. Ritchie, die Erfinder der Programmiersprache C, beginnen in ihrem Buch *The C Programming Language* das Kapitel über den GOTO-Befehl mit: *C provides the infinitely-abusable goto statement* und sie fahren fort: *Formally, the goto is never necessary, and in practice it is almost always easy to write code without it.* Wenn Kernighan und Ritchie das sagen, wird es wohl stimmen.

Schließlich etablierten sich die heute üblichen Kontrollstrukturen Sequenz, Verzweigung und Schleifen. Der GOTO-Befehl wird kaum mehr verwendet. In Java existiert überhaupt kein entsprechendes Kommando.

Der Vollständigkeit halber sei erwähnt, dass auch sog. Ausnahmenbehandlungen bzw. Exception-Handlings (mittels try-catch-Anweisungen) zur Steuerung des Kontrollflusses verwendet werden. Diese sind ein wichtiges Element der Softwareentwicklung und werden in Abschn. 2.6. näher beleuchtet.

Schleifen werden üblicherweise aufgrund der negativen Prüfung ihrer Ausführbedingung abgebrochen. Man kann sie aber auch aus dem Ausweisungsblock heraus mit der `break`-Anweisung beenden. Diese haben Sie schon bei der Erläuterung des `switch`-Befehls kennengelernt. Ein `break` innerhalb eines `switch` bricht dessen Ausführung ab. Entsprechend kann mit einem `break` auch eine Schleife abgebrochen werden.

Ein weiterer Java-Befehl, mit dem Sie die Abarbeitung einer Schleife beeinflussen können, ist `continue`. Mit `continue` kann der aktuelle Schleifendurchlauf abgebrochen werden, um anschließend den nächsten Durchlauf durchzuführen. Bei `while`- und `do-while`-Schleifen springt man mit `continue` direkt zur Ausführbedingung, bei der `for`-Schleife wird vorab zuerst die Aktualisierungsanweisung abgearbeitet und dann die Ausführbedingung geprüft.

Ein `break` oder ein `continue` ist in einer Schleife natürlich nur dann sinnvoll, wenn er bedingt ausgeführt wird; *bedingt* bedeutet: in Kombination mit einer `if`-Anweisung. Andernfalls würden nachfolgende Anweisungen nie zum Tragen kommen, und man sollte ernsthaft deren Daseinsberechtigung infrage stellen.

Eine `while`-Schleife mit einem `continue` sieht typischerweise also wie folgt aus (Analoges gilt für den `break`):

```
while (Bedingung) {
    ...Anweisungen...
    if (Bedingung) continue;
    ...Anweisungen...
}
```

Ich möchte Sie nicht mit langatmigen Theorien über die Verwendung von `break` oder `continue` langweilen. Nur soviel dazu: Wie im obigen Exkurs festgestellt, reichen Sequenz, Verzweigung und Schleifen aus, um alle möglichen Algorithmen auszuprogrammieren. Weder `continue` noch `break` sind unbedingt notwendig. Ihr Ziel beim Programmieren sollte es sein, ihren Code möglichst einfach zu halten. Schließlich soll es ja auch im Nachhinein noch verständlich sein! Daher mein Tipp: Verwenden Sie `continue` und `break` nur, wenn Sie denken, dass Ihr Programm dadurch lesbarer wird. Achten Sie außerdem darauf, dass Ihre Schleifenbedingung üblicherweise das *normale* Ende der Schleife auslöst und nicht ein `break`.

2.4 Arrays

Spielen Sie gerne Lotto? Ich muss zugeben, dass ich davon völlig begeistert bin! Jeden Samstag dieser Nervenkitzel, auch wenn man eigentlich weiß, dass die Chancen, den Jackpot zu knacken, nur 1 zu 139.838.159 stehen.

Selbst wenn höchstwahrscheinlich weder Sie noch ich durch Lottospielen zu großem Vermögen gelangen werden, bietet es doch eine wunderbare Möglichkeit, um sich mit Arrays zu beschäftigen. *Arrays* sind Listen von Variablen gleichen Typs. Die Anzahl der Elemente des Arrays ist fest, sobald er definiert ist. Man spricht in der Regel von der *Länge* oder *Größe* des Arrays und nicht von der Anzahl der Elemente.

Was haben nun Arrays und Lottospielen gemeinsam? Ganz einfach: Zur Demonstration der Arrays werden wir eine kleine Anwendung zur Ziehung der Lottozahlen programmieren.

Hier ein erster Entwurf unseres Programms:

```
public static void main(String[] args) {

    // Array anlegen mit Platz für sechs int-Werte
    int[] lottozahlen = new int[6];

    // Ziehung der Zahlen
    for (int i = 0; i < lottozahlen.length; i++) {
        lottozahlen[i] = (int)(Math.random()*49.0)+1;
    }

    // Ausgabe der Zahlen
    for (int i = 0; i < lottozahlen.length; i++) {
        System.out.println(lottozahlen[i]);
    }
}
```

Die erste Zeile der `main()`-Funktion definiert eine Variable des Typs eines `int`-Arrays mit der Länge 6. Es handelt sich dabei um eine Variable, die Platz für 6 ganze Zahlen bietet. Um die einzelnen Elemente des Arrays zu adressieren, gibt man zunächst den Namen des Arrays an und dahinter den Index des Elements in einem eckigen Klammernpaar. Der erste Index hat immer den Wert 0, der letzte Index besitzt in unserem Fall den Wert 5 (allgemein: Länge – 1, also hier: 6 – 1). Um beispielsweise den Array mit den Werten von 1 bis 6 zu belegen, könnte man Folgendes schreiben:

```
lottozahlen[0]=1;
lottozahlen[1]=2;
lottozahlen[2]=3;
lottozahlen[3]=4;
lottozahlen[4]=5;
lottozahlen[5]=6;
```

Auf diese Art und Weise könnten wir gleich sechs Variablen definieren und uns den Array sparen. Aber wir können ihn auch viel komfortabler mit den Werten von 1 bis 6 befüllen, und zwar mit einer Schleife:

```
for (int i = 0; i < lottozahlen.length; i++) {
    lottozahlen[i] = i + 1;
}
```

Wir schreiben an die Stelle 0 den Wert 1 (=0+1), an die Stelle 1 schreiben wir den Wert 2 (=1+1) usw. Die Variable i läuft in der Schleife von 0 bis `lottozahlen.length`, wobei `lottozahlen.length` den Wert 6 ergibt – unser Array ist 6 Elemente lang.

Natürlich sollen im Lottozahlen-Array nicht die Werte von 1 bis 6 stehen, sondern die Lottozahlen einer Ziehung, die zufällig gewählt sein müssen. Wir benötigen daher eine Funktion, die uns Zufallszahlen liefert. Hier schafft `Math.random()` Abhilfe. Sie liefert Zufallszahlen von 0 bis unter 1. Der Typ dieser Zufallszahlen ist `double`. Es sind also Gleitkommazahlen. Da wir als Lottozahlen ganze Zahlen zwischen 1 und 49 ziehen wollen und keine Gleitkommazahlen von 0 bis unter 1, multiplizieren wir den Wert mit 49, *casten* die entsprechende Gleitkommazahl in eine ganze Zahl – wir wandeln sie demnach von einem Format in das andere um – und addieren am Ende 1. Das Thema *casten*, also die Umwandlung zwischen verschiedenen Datentypen, wird später noch näher erläutert. Unsere Ziehung der Lottozahlen sieht so aus, wie bereits oben gezeigt:

```
for (int i = 0; i < lottozahlen.length; i++) {
    lottozahlen[i] = (int)(Math.random() * 49.0) + 1;
}
```

Damit stehen im `lottozahlen`-Array Werte zwischen 1 und 49. Am Ende werden entsprechend dem ersten Entwurf unseres Programms die gezogenen Zahlen ausgegeben:

```
13
19
49
27
21
27
```

Das war unsere erste Ziehung, obschon noch mit einigen Fehlern behaftet. Zum einen haben wir keine Zusatzzahl – das soll uns aber zunächst einmal nicht interessieren. Zum anderen kann es vorkommen, dass Zahlen doppelt gezogen werden – das können wir leider nicht ignorieren. Bei einer richtigen Ziehung ist jede Kugel nur einmal vorhanden, also kann jeder Zahlenwert auch nur einmal vorkommen. Demnach müssen wir bei jeder *Kugel* prüfen, ob sie nicht schon einmal gezogen wurde. Und schießlich wäre da noch das Problem, dass die Lottozahlen nicht aufsteigend sortiert ausgegeben werden. Wenn im Fernsehen die Lottozahlen vorgelesen werden, sind diese immer sortiert! Aber lassen Sie uns diese Probleme einzeln betrachten. Beginnen wir mit einer Lösung für Problem Nummer eins:

```
for (int i = 0; i < lottozahlen.length; i++) {

    lottozahlen[i] = (int)(Math.random() * 49.0) + 1;

    for (int j = 0; j < i; j++) {
        if (lottozahlen[j] == lottozahlen[i]) {
            i--;
            break;
        }
    }
}
```

Wir haben jetzt zwei `for`-Schleifen ineinander *verschachtelt*. Die innere `for`-Schleife prüft, ob die aktuell gezogene Zahl schon einmal zuvor gezogen wurde. In diesem Fall wird die Ziehung wiederholt. Das `break` kennen Sie schon. Ich möchte nur ergänzen, dass dadurch nur diejenige Schleife abgebrochen wird, in der sich `break` unmittelbar befindet, nicht auch noch umschließende Schleifen. Hier wird also die innere Schleife abgebrochen, nicht die äußere.

Und hier die Ziehung der Lottozahlen:

```
25
38
2
35
12
9
```

Keine Zahl kommt doppelt vor. Das ist schon mal gut! Nun müssen wir die Zahlen noch sortieren. Wir wollen, dass die Liste so ausgegeben wird:

```
2
9
12
25
35
38
```

Das ist aber gar nicht so einfach. Glücklicherweise gibt es zahlreiche Standard-Sortieralgorithmen, die wir nur abschreiben müssen. Einer der bekanntesten Sortieralgorithmen ist der *Bubblesort*. Das nächste Listing zeigt eine für uns passende Implementierung:

```java
for (int i = 1; i < lottozahlen.length; i++) {

    for (int j = lottozahlen.length - 1;j >= i;j--){

        if (lottozahlen[j] < lottozahlen[j - 1]) {
            int h = lottozahlen[j];
            lottozahlen[j] = lottozahlen[j - 1];
            lottozahlen[j - 1] = h;
        }
    }
}
```

Der Bubblesort ist über zwei ineinander geschachtelten Schleifen realisiert. Bei jedem Durchgang werden zwei nebeneinanderstehende Werte verglichen (an Position j und an Position j – 1). Befinden sich diese beiden Werte in der falschen Reihenfolge, werden sie miteinander vertauscht. Nachfolgende Tabelle zeigt, wie ein umgekehrt sortierter Array mit den Werten von 1 bis 6 durch den Bubblesort aufsteigend sortiert wird:

i	1					2				3			4		5
j	5	4	3	2	1	5	4	3	2	5	4	3	5	4	5
	6	6	6	6	1	1	1	1	1	1	1	1	1	1	1
	5	5	5	1	6	6	6	6	2	2	2	2	2	2	2
	4	4	1	5	5	5	5	2	6	6	6	3	3	3	3
	3	1	4	4	4	4	2	5	5	5	3	6	6	4	4
	1	3	3	3	3	2	4	4	4	3	5	5	4	6	5
	2	2	2	2	2	3	3	3	3	4	4	4	5	5	6

Eine Spalte zeigt den Array nach einem Schleifendurchlauf, nachdem die Werte vertauscht wurden. Die jeweils grau markierten Felder wurden dabei miteinander verglichen und vertauscht. In der Übersicht scheint es, als würde der jeweils kleinste Wert wie eine Luftblase im Wasser, daher *bubble,* nach oben steigen – zunächst der kleinste Wert 1, dann der nächstgrößere Wert 2 usw.

Kleine Anmerkung: Möchte man den Array absteigend sortieren, anstatt wie hier aufsteigend, muss man beim Vergleich (bei der if-Anweisung) anstelle des Kleiner-Operators („<") den Größer-Operator („>") verwenden.

Schließlich das gesamte Programm zur Ziehung der Lottozahlen nochmals im Überblick:

```java
public static void main(String[] args) {

    // Array anlegen mit Platz für sechs int-Werte
    int[] lottozahlen = new int[6];

    // Ziehung der Zahlen
    for (int i = 0; i < lottozahlen.length; i++) {
        lottozahlen[i] = (int)(Math.random() * 49.0) + 1;

        for (int j = 0; j < i; j++) {
            if (lottozahlen[j] == lottozahlen[i]) {
                i--;
                break;
            }
        }
    }

    // Array sortieren
    for (int i = 1; i < lottozahlen.length; i++) {
        for (int j = lottozahlen.length - 1;j >= i;j--) {
            if (lottozahlen[j] < lottozahlen[j - 1]) {
                int h = lottozahlen[j];
                lottozahlen[j] = lottozahlen[j - 1];
                lottozahlen[j - 1] = h;
            }
        }
    }

    // Ausgabe der Zahlen
    for (int i = 0; i < lottozahlen.length; i++) {
        System.out.println(lottozahlen[i]);
    }
}
```

Im Übrigen habe ich das Programm bereits hinreichend gestestet und Ihnen die Lottozahlen der nächsten zehn Wochen gezogen:

1	4	9	5	13	15	13	1	1	3
3	5	20	7	27	22	25	24	10	34
18	6	25	22	35	27	26	27	27	36
26	9	28	27	38	30	29	34	37	38
31	22	33	28	39	35	36	39	41	41
33	40	48	33	45	38	49	43	47	46

Viel Erfolg!

2.5 Unterprogramme

Bislang könnte der Eindruck entstanden sein, dass ein Programm ein einziger großer Klotz – ein Monolith – ist, dessen Ablauf lediglich durch die Kontrollstrukturen (Sequenz, Verzweigung, Schleife) gesteuert wird.

Dies ist nicht der Fall. Vielmehr ist ein Programm in der Regel *modular* aufgebaut. Der gesamte Programmablauf verteilt sich auf kleinere Anweisungsblöcke bzw. auf *Unterprogramme*, die miteinander verbunden sind, sich also gegenseitig aufrufen. Diese Unterprogramme werden meist als *Funktionen* bezeichnet.

Es ist Zeit für ein Java-Beispiel, obwohl wir eigentlich bereits zahlreiche Beispiele zum Thema Funktionen hatten. Denn auch unseren bisherigen Code haben wir in eine Funktion geschrieben, nämlich in die `main()`-Funktion, die Einsprungfunktion eines jeden Java-Programms. Es folgt dennoch ein Beispiel. Das entsprechende Programm berechnet die Fakultät einer nicht-negativen Zahl. Die Fakultät einer Zahl x (mathematische Schreibweise: x!) ergibt sich aus dem Produkt aller Zahlen von 1 bis x (die Fakultät von 3 ist z. B. 1 * 2 * 3 = 6). Einen Spezialfall bildet die Fakultät von 0, die den Wert 1 hat.

```
public static int fakultaet(int x) {

    int f = 1;                          // 2

    for (int i = 2; i <= x; i++)        // 3
        f = f * i;

    return f;                           // 4
}
public static void main(String[] args) {

    int f = fakultaet(5);               // 1
    System.out.println(f);              // 5
}
```

Das Programm beginnt wie immer in unserer `main()`-Funktion. Die `main()`-Funktion ruft diesmal eine Funktion `fakultaet` auf. Die erste Zeile der Funktion `fakultaet()`, der sog. *Funktionskopf,* gibt an, wie unsere Funktion zu benutzen ist. So ist als Parameter eine int-Variable deklariert. Des Weiteren besitzt unsere Funktion einen Rückgabewert wiederum des Typs `int`. Das gibt das `int` auf der linken Seite des Funktionsnamens an. Der Funktions-algorithmus befindet sich im *Funktionsrumpf;* man spricht auch häufig von der *Implementierung der Funktion.* Durch die `return`-Anweisung wird der Rückgabewert festgelegt, hier `f`, und der Programmfluss der Funktion wird abgebrochen. In unserem Beispiel ist die `return`-Anweisung ohnehin die letzte Anweisung der Funktion. Das muss aber nicht so sein! `return` kann an einer beliebigen Stelle innerhalb der Funktion stehen, was bewirkt, dass nachfolgende Anweisungen nicht mehr abgearbeitet werden. Nach der `return`-Anweisung in `fakultaet()` wird das Programm in `main()` fortgesetzt. Das Ergebnis – das in unserem Fall übrigens 120 lautet – wird schließlich der Variablen `f` zugewiesen, und letztlich wird `f` mit Hilfe von `System.out.println()` auf der Konsole ausgegeben. Die Reihenfolge der Abarbeitung der einzelnen Anweisungen wird im Code durch die auskommentierten Nummern verdeutlicht.

Nehmen wir einmal an, auch wenn es nicht sehr sinnvoll ist, es gäbe in Java keinen Mal-Operator („*"), und wir müssten stattdessen eine eigene Funktion schreiben, die die Multiplikation mittels Additionen realisiert. Was ich meine, sieht im Prinzip folgendermaßen aus:

```java
public static int multipliziere(int x, int y) {

    int produkt - 0;                 // 4

    for (int i = 0; i < y; i++)      // 5
        produkt = produkt + x;

    return produkt;                  // 6
}
public static int fakultaet(int x) {

    int f = 1;                       // 2

    for (int i = 2; i <= x; i++)     // 3
        f = multipliziere(f, i);

    return f;                        // 7
}
public static void main(String[] args) {
    int f = fakultaet(5);            // 1
    System.out.println(f);           // 8

}
```

Hier ruft `main()` die Funktion `fakultaet()` auf, und `fakultaet()` ruft innerhalb ihrer `for`-Schleife die Funktion `multipliziere()` auf.

Wenig spektakulär? Stimmt! – der Programmablauf ist wiederum durch die Kommentare dargestellt, und der Ablauf dürfte für Sie keine Überraschung mehr sein. Stattdessen möchte ich dieses Beispiel nutzen, um Ihnen den sog. *Funktionsstack* zu erklären.

Jedes Programm (genau genommen jeder Programmfaden[2]) besitzt zur Laufzeit einen Funktionsstack. Ein *Stack* im Allgemeinen ist eine spezielle Datenstruktur, die in der Informatik sehr oft ihre Anwendung findet. Er wird auch häufig als *Stapel* oder *Keller* bezeichnet. Sein Prinzip wurde bereits in den 50er Jahren des letzten Jahrhunderts von dem in Regensburg geborenen Informatikpionier Friedrich Ludwig Bauer entwickelt.

Einen Stack kann man sich als einen Stapel Bücher vorstellen, welcher auf einem Tisch liegt. Man kann lediglich ein Buch oben auf den Stapel legen oder von oben ein Buch herunternehmen. Aus der Mitte ein Buch herauszuziehen oder sogar das unterste Buch herauszunehmen, während sich noch weitere Bücher auf dem Stapel befinden, ist nicht möglich. Dieses Prinzip nennt man auch *LIFO*, also *last in, first out*. Das Buch, das zuletzt auf den Stapel gelegt wurde *(last in)* muss als erstes Buch wieder heruntergenommen werden *(first out)* (– sofern man sich nicht dazu entschließt, noch weitere Bücher auf den Stapel zu legen).

Der *Funktionsstack* ist eine konkrete Anwendung des *Kellerungsprinzips* – so nannte Bauer den Stack. Sobald eine Funktion aufgerufen wird, wird die entsprechende Funktionsinstanz *auf den Stack gelegt*. Sobald sie abgearbeitet wurde – in der Regel nach `return` – wird selbige vom Stack wieder heruntergenommen. Zu beachten ist, dass nicht die Funktion selbst, also die Implementierung bzw. der Code der Funktion auf den Stack gelegt wird. Der Code ist statisch und existiert nur einmal zur Laufzeit im Speicher. Stattdessen liegt auf dem Stack beim Aufruf einer Funktion die entsprechende *Funktionsinstanz*. Es liegen alle zur Laufzeit veränderlichen Daten – alle dynamischen Daten – auf dem Stack, wie z. B. Funktionsparameter, lokale Variablen und eine Rücksprungadresse, welche angibt, wo es im Programm nach Abarbeitung dieser Funktion weitergeht.

In jedem Java-Programm liegt zur Laufzeit die Instanz einer bestimmten Funktion immer ganz unten auf dem Stack. Das ist unsere `main()`-Funktion. In unserem letzten Beispiel ist das selbstverständlich auch so. Wir rufen dann in dem Beispiel `fakultaet()` auf. Dementsprechend wird eine Instanz von

---

[2] Unser Programm läuft in einem Prozess, der wiederum aus mehreren Programmfäden bzw. Threads bestehen kann. Threads sind Ausführungsstränge, die parallel ausgeführt werden können. Bisher bestanden unsere Programme im Wesentlichen nur aus jeweils einem Thread.

`fakultaet()` auf den Stack gelegt. Es wird also Speicher für den Funktionsparameter x, für die lokalen Variablen f und i usw. reserviert. Während der Ausführung von `fakultaet()` wird zusätzlich eine `multipliziere()` Instanz oben auf den Stack gelegt. Nun liegt auf dem Stack ganz unten `main()`, darüber `fakultaet()` und ganz oben `multipliziere()`. Ist `multipliziere()` abgearbeitet, wird sie vom Stack heruntergenommen. Da `fakultaet()` die Funktion `multipliziere()` in Schleife aufruft, wird das Legen einer Funktionsinstanz von `multipliziere()` auf den Stack und das anschließende wieder Herunternehmen mehrfach wiederholt. Schließlich ist auch `fakultaet()` abgearbeitet und wird vom Stack genommen. Zu guter Letzt erreichen wir auch das Ende der `main()`-Funktion, und mit dem Herunternehmen der `main()`-Instanz vom Stack ist das Programmende selbst erreicht. Die nachfolgende Abbildung stellt den Ablauf des Programms zur Veranschaulichung dar. Vereinfachend zeigen wir pro Instanz lediglich den Funktionsnamen (der sich eigentlich gar nicht im Stack befindet, da er ja statisch ist) und die Funktionsparameter:

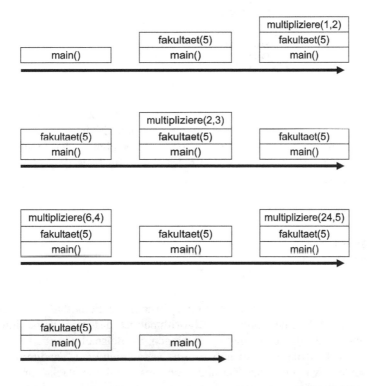

Falls Sie es bisher noch nicht bemerkt haben sollten: Der Stack ist im Grunde genommen eine phänomenale Erfindung, für die wir Herrn Professor Bauer sehr dankbar sein können.

Eigentlich müssten wir uns mit der Funktionsweise des Funktionsstacks kaum explizit beschäftigen, da sie doch recht intuitiv ist, wäre da nicht die Gruppe der rekursiven Probleme, deren Lösung Programmiereinsteigern immer wieder Probleme bereitet.

Eine *rekursive Funktion* ist eine Funktion, die sich selbst aufruft. Man unterscheidet in diesem Zusammenhang *direkte* und *indirekte* Rekursion. Bei der direkten Rekursion ruft sich die rekursive Funktion unmittelbar selbst auf, bei der indirekten Rekursion ist dies nicht der Fall. Beispielsweise spricht man von indirekter Rekursion, wenn eine Funktion f() eine Funktion g() aufruft, die wiederum die Funktion f() aufruft. Hier wird f() indirekt rekursiv aufgerufen. Ruft f() direkt f() auf, wird f() direkt rekursiv aufgerufen.

Nicht umsonst habe ich im letzten Beispiel die fakultaet()-Funktion verwendet, da die Fakultät auch rekursiv gelöst werden kann, wie im Folgenden gezeigt:

```
public static int fakultaet(int x) {
    if (x <= 1) return 1;
    else        return x * fakultaet(x - 1);
}

public static void main(String[] args) {
    int f = fakultaet(5);
    System.out.println(f);

}
```

Soviel sei verraten: Der errechnete Wert – die Fakultät von 5 – lautet immer noch 120. fakultaet() ist jetzt eine rekursive Funktion, da sie sich selbst aufruft.

Die Idee dabei ist, dass unser Problem – die Berechnung der Fakultät – durch eine Folge gleichartiger Teilprobleme gelöst wird. Im Falle der Fakultät können wir sagen, dass

```
     5! = 5 * 4!
Und  4! = 4 * 3!
Und  3! = 3 * 2!
Und  2! = 2 * 1!
Und  1! = 1
```

Jede der obigen Zeilen wird mithilfe einer Instanz der Funktion fakultaet() ausgedrückt. Wichtig bei rekursiven Algorithmen ist, dass wir uns bei ihrem Entwurf immer eine Abbruchbedingung überlegen. Im Beispiel wird fakultaet() dann nicht mehr weiter rekursiv aufgerufen, wenn x den Wert 1 annimmt.

Betrachten wir nun die Zustände unseres Funktionsstacks im gesamten Programmablauf:

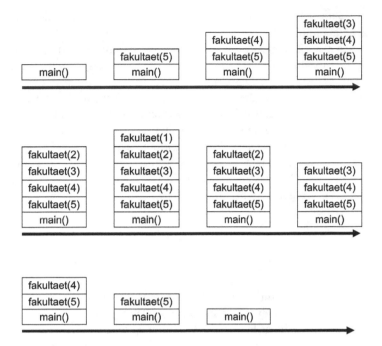

main() ruft fakultaet(5) auf, fakultaet(5) sagt: weiss ich doch nicht was die Fakultät von 5 ist, aber es muss wohl 5 * fakultaet(4) sein. fakultaet(4) wird also aufgerufen und fakultaet(4) geht entsprechend vor und multipliziert 4 mit fakultaet(3), fakultaet(3) multipliziert 3 mit fakultaet (2), fakultaet(2) multipliziert 2 mit fakultaet(1) und fakultaet(1) weiß genau, was fakultaet(1) ist und gibt den Wert 1 zurück. In fakultaet(1) kommt also die Abbruchbedingung der Rekursion zum Tragen. Alle anderen Funktionsinstanzen von fakultaet() können ihr persönliches Gesamtproblem (5! bzw. 4! bzw. 3! bzw. 2!) nicht alleine lösen. Sie lösen stattdessen nur einen Teil des Ganzen (mal 5 bzw. mal 4 bzw. mal 3 bzw. mal 2) und delegieren das restliche Problem an die *nächst höhere* Instanz.

Jede Instanz löst ein gleichartiges Teilproblem. Aufgrund der Tatsache, dass eine Funktionsinstanz eine darüber liegende gleichartige Funktionsinstanz verwendet, kann das Gesamtproblem gelöst werden.

Neben dem bereits angesprochenen Aspekt, dass für eine rekursive Funktion unbedingt eine wohlüberlegte Abbruchbedingung definiert werden muss, ist beim Design solcher Funktionen noch auf zwei weitere Punkte zu achten:

Erstens ist ein rekursiver Aufruf nur sinnvoll, wenn er mit abgewandelten Funktionsparametern erfolgt, da bei einem unveränderten rekursiven Aufruf eine etwaige Abbruchbedingung niemals eintreten kann.

Zweitens sei angemerkt, dass die geleisteten Teilprobleme jeder Funktionsinstanz zwar praktisch immer den gleichen Umfang haben, da es sich ja auch immer um dieselbe Funktion handelt, das Gesamtproblem, für das eine Instanz

letztlich verantwortlich ist, mit zunehmender Verschachtelung der Funktionsaufrufe aber abnimmt. Die Gesamtprobleme werden einfacher (z. B. 2! ist einfacher zu lösen als 5!). Bezüglich der Komplexität gibt es also eine Hierarchie
unter den Funktionsinstanzen. Die im Stack weiter *unten liegenden* Instanzen sind
komplexer als die weiter *oben liegenden.*

Beachten Sie auch, dass die unten liegenden Funktionsinstanzen die darüber
liegenden Instanzen verwenden, auf sie angewiesen und von ihnen abhängig sind.
Demgegenüber sind die darüber liegenden Funktionsinstanzen von den darunter-
liegenden völlig unabhängig; sie haben nicht einmal Kenntnis von ihnen.

Beschäftigen wir uns nun noch einmal mit der Abbruchbedingung einer
rekursiven Funktion. Was geschieht, wenn wir sie vergessen? Was geschieht, wenn
wir beispielsweise folgende Funktion aufrufen?

```java
public static int fakultaet(int x) {
    // Keine Abbruchbedingung!
    // Läuft die Funktion jetzt ewig?
    return x * fakultaet(x - 1);
}
```

Hier fehlt die Abbruchbedingung! `fakultaet()` wird mit immer kleinerem x
aufgerufen. Erst wird x gleich 1, dann wird x gleich 0, schließlich wird x dann
−1, −2, −3 usw. Scheinbar läuft diese Funktion so lange weiter, bis wir den entsprechenden Prozess von außen brutal abbrechen (bis wir ihn *killen,* wie man in
der UNIX-Welt charmant formuliert).

Allerdings besteht in diesem Zusammenhang ein deutlicher Unterschied
zwischen Theorie und Praxis. Theoretisch – im mathematischen Sinne – ist eine
endlose Rekursion durchaus möglich, wobei dies nichts daran ändert, dass in
unserem Fall das Ergebnis definitiv falsch sein wird. Tatsächlich wird aber durch
jeden weiteren rekursiven Funktionsaufruf eine neue Instanz von `fakultaet()`
auf den Stack gelegt, für die Speicherplatz reserviert werden muss. Unser
Arbeitsspeicher wird dementsprechend immer voller, bis eine sog. (zum Thema
Exceptions siehe nächster Abschnitt) geworfen wird, welche in der Regel zu einem
Programmabbruch führt.

Mit einer iterativen Endlosschleife wäre so etwas nicht passiert! Schauen Sie
sich dazu folgendes Codelisting an:

```java
public static int fakultaet(int x) {

    int f = 1;

    for (int i = 1; true; i++)
        f = f * i;

    return f;
}
```

Diese Funktion würde tatsächlich endlos laufen, bzw. so lange, bis der entsprechende Prozess gekillt wird oder der Notebook-Akku leer ist. Grund dafür ist, dass hier eben nicht bei jedem Schleifendurchgang neuer Speicher reserviert werden muss.

Bleibt zu guter Letzt noch zu sagen, dass für alle rekursiven Funktionen auch eine iterative (nicht-rekursive) Lösung existiert. Dafür gibt es einen mathematischen Beweis. Leider ist bei ernsthaften rekursiven Problemen (nicht wie bei der Fakultätsberechnung) in der Regel ein iterativer Ansatz wesentlich komplexer als die rekursive Lösung. Soll der Algorithmus eine gute Performance haben, lohnt es sich dennoch nach einer iterativen Lösung zu suchen, da durch die Rekursion ständig neue Funktionsinstanzen aufgerufen werden, demnach ständig Speicher reserviert werden muss und das Reservieren von Speicher an sich relativ viel Zeit beansprucht. Der rekursive Ansatz ist also meistens langsamer als das iterative Pendant.

Gibt es noch etwas über rekursive Funktionen zu wissen? Diese Frage beantwortet folgende rekursive Funktion (oder auch nicht):

```java
public static String gibtEsNochWasZuWissen() {

    System.out.println("Weiß nicht, ich frag mal nach");
    return gibtEsNochWasZuWissen();
}
```

Typen von Unterprogrammen

In der Literatur unterscheidet man im Wesentlichen drei Unterprogrammtypen: *Prozeduren*, *Funktionen* und *Methoden*.

Prozeduren sind Unterprogramme ohne Rückgabewert, und Funktionen sind Unterprogramme mit Rückgabewert. In der objektorientierten Welt spricht man hingegen von Methoden. Ganz gleich ob mit oder ohne Rückgabewert – sie heißen immer Methoden. Methodeninstanzen sind an ein Objekt gebunden und dienen der Manipulation der entsprechenden *Attribute*. Dazu aber mehr in Kap. 3. Außerdem existieren sog. *statische Methoden*. Deren Instanzen sind nicht an ein Objekt, sondern an die Klasse gebunden. Sie dienen der Manipulation *statischer Attribute*. Dies wird auch in Kap. 3 noch näher erläutert.

Soviel zur Theorie, kommen wir nun zur Praxis: Unglücklicherweise werden derartige Begrifflichkeiten meist durch die zahlreichen Programmiersprachen selbst geprägt. Das wäre noch nicht so problematisch, würden sich die Programmiersprachendesigner auf eine einheitliche Terminologie einigen – das tun sie aber nicht. Beispielsweise spricht man in C++ generell von Funktionen, unabhängig davon, ob Prozeduren, Funktionen oder Methoden gemeint sind.

Der Begriff *Funktion* hat sich, vermutlich durch die starke Dominanz von C++, auch als Oberbegriff äquivalent zu *Unterprogramm* etabliert. In diesem Sinn werde auch ich hier den Begriff Funktion verwenden bzw. habe ich ihn bereits verwendet, da es gemeinhin eher unüblich ist, von Unterprogrammen zu sprechen.

2.6 Exceptions

Hin und wieder treten in Programmen Ausnahmen (Exceptions) auf. Es entstehen Situationen, bei denen man davon ausgeht, dass sie nur sehr selten vorkommen. Betrachten wir beispielsweise die Bearbeitung einer Textdatei, deren Inhalt ein Programm einlesen möchte. Das Programm öffnet die Textdatei, lädt sie also von der Festplatte, liest dann die Zeilen Schritt für Schritt aus und schließt die Datei schließlich wieder. In aller Regel funktioniert dieser Vorgang ohne Weiteres, manchmal aber auch nicht. So könnte z. B. eine Datei mit einem bestimmten Namen gar nicht existieren, oder das Öffnen der Datei wird aus anderen Gründen unterbunden. Nun gibt es prinzipiell zwei Möglichkeiten, um mit derartigen Ausnahmesituationen umzugehen. Die erste Möglichkeit wäre, jede dieser (unwahrscheinlichen) Situationen mit `if-else`-Anweisungen abzuprüfen und dann entsprechend darauf zu reagieren. Bei Fehlern müsste man den normalerweise vorgesehenen Programmablauf umgehen. Oder aber man verwendet *Exceptions* mit Hilfe von `try-catch`-Anweisungen.

Das sieht dann so aus:

```
public static void dateiVerarbeiten()

    try {
        // Öffne Datei

        while(/* Dateiende nicht erreicht */) {

            // Lies Zeile aus Datei
        }

        // Schließe Datei
    }
    catch (Exception e) {
        System.out.println(e);
    }
}
```

Man schreibt zusammengehörigen kritischen Code, der eine Exception *werfen* könnte in einen try-Block. Wird die Ausnahme tatsächlich ausgelöst, fährt das Programm im `catch`-Block fort, überspringt also die restlichen Zeilen bis dahin. Der `catch`-Block erhält dann eine Variable des Typs `Exception`, die (hoffentlich) aussagekräftige Informationen über den Fehler bereithält. Im `catch`-Block muss auf den Fehler adäquat reagiert werden. Die Fehlermeldung einfach nur auf der Konsole auszugeben, wie in unserem Beispiel, ist in der Regel nicht angemessen.

Mit dieser Technik können Ausnahmen zentral behandelt werden. Der Code wird nicht durch zahlreiche einzelne `if`-Anweisungen nach jedem kritischen Befehl (wie Datei öffnen, von Datei lesen und Datei schließen) künstlich aufgebläht. C-Programmierer machen das typischerweise so, Java-Programmierer verwenden Exceptions.

Übrigens: Will eine Funktion, in der Exceptions auftreten, diese überhaupt nicht behandeln, kann sie sie einfach an die aufrufende Funktion weiterleiten. Damit ist die aufrufende Funktion in der Pflicht, einen `try-catch`-Block bereitzustellen. Im folgenden Beispiel wirft unsere `dateiVerarbeiten()`-Funktion etwaige Exceptions weiter an die aufrufende `main()`-Funktion:

```
public static void dateiVerarbeiten() throws Exception {

    // Öffne Datei

    while (/* Dateiende nicht erreicht */) {

        // Lies Zeile aus Datei
    }

    // Schließe Datei
}

public static void main(String[] args) {

    try {
        dateiVerarbeiten();
    }
    catch (Exception e) {
        System.out.println(e);
    }
}
```

Eine Funktion, die Exceptions an die aufrufende Funktion weiterreichen möchte, fügt ihrer Deklaration `Exception` an. Damit wird die Verantwortung für die Ausnahmenbehandlung einfach weitergegeben.

Auch die `main()`-Funktion könnte mit `throws Exception` selbige an den Aufrufer der Funktion weiterdelegieren. In der Regel wird dann die `Exception` auf der Konsole ausgegeben. Wirft `main()` eine `Exception`, ist das Programm in jedem Fall beendet.

Objektorientierung

3

3.1   Klassen und Objekte

Vielleicht haben Sie schon einmal gehört, dass Java eine *objektorientierte* Programmiersprache sein soll. Also muss es auch so etwas wie *Objekte* in Java geben. Beides ist richtig; nur sind wir bisher noch nicht darauf eingegangen.

Lassen Sie uns also gleich beginnen: Die Strukturen der Objekte werden durch *Klassen* definiert und hier ist sie – unsere erste Klasse namens `Rechteck`:

© Springer-Verlag GmbH Deutschland, ein Teil von Springer Nature 2020
C. Silberbauer, *Einstieg in Java und OOP,*
https://doi.org/10.1007/978-3-662-61309-2_3

```
public class Rechteck {

    private int breite;
    private int hoehe;

    public Rechteck(int breite, int hoehe) {
        setBreite(breite);
        setHoehe(hoehe);
    }

    public void setBreite(int breite) {
        if (breite > 0) this.breite = breite;
    }

    public int getBreite() {
        return breite;
    }

    public void setHoehe(int hoehe) {
        if (hoehe > 0) this.hoehe = hoehe;
    }

    public int getHoehe() {
        return hoehe;
    }

    public void paint() {
        System.out.println("------");
        System.out.println("|    |");
        System.out.println("------");
    }
}
```

Sie erinnern sich noch an das Thema *Variablen?* Wir hatten weiter oben z. B. eine int-Variable deklariert, wie folgt:

```
int x;
```

Variablen deklarieren wir in unserer Klasse auch, einmal mit dem Namen breite und einmal mit dem Namen hoehe. Beide Variablen gehören dem Typ int an, akzeptieren also Ganzzahlen als Werte. Hier nochmals die Deklaration der beiden Variablen (was das Schlüsselwort private bedeutet, wird im nächsten Abschnitt erläutert):

```
private int breite;
private int hoehe;
```

Während wir Variablen, die innerhalb von Funktionen deklariert sind, als *lokale Variablen* bezeichnen, nennen wir solche Variablen, deren Deklaration unmittelbar in Klassen stattfindet, *Attribute*. Damit hätten wir eine Eigenschaft von Klassen schon erkannt: Klassen besitzen Attribute.

Außerdem besitzen Klassen *Methoden.* Methoden sind die Funktionen einer Klasse, die dem Zugriff auf deren Attribute dienen. Methoden dienen also der Manipulation bzw. Änderung und dem Auslesen der jeweiligen Attribute. So kann man z. B. mit setBreite() die Breite eines Rechtecks setzen und mit getHoehe() die Höhe eines Rechtecks auslesen.

Fazit: Klassen definieren zum einen Attribute und zum anderen Methoden für den Zugriff auf diese Attribute.

Mit unserer Klassendeklaration hätten wir zunächst die Struktur eines Rechtecks beschrieben. Der *Typ* Rechteck wurde definiert. Wir haben festgelegt, dass es durch eine Breite und eine Höhe definiert ist, und wir haben Methoden festgelegt, die auf ein Rechteck angewendet werden können. Nun möchten wir ein konkretes Rechteck erzeugen. Wir möchten ein Exemplar, – oder wie man auch sagt – eine *Instanz* eines Rechtecks haben. Kurzum: Wir benötigen ein *Objekt*! Eine konkrete Ausprägung einer Klasse bezeichnet man als Objekt. Legen wir also wie folgt ein konkretes Rechteck an:

```
Rechteck r1 = new Rechteck(10, 50);
```

Unser Objekt hat den Namen r1. Links daneben steht in der Deklaration dessen Typbezeichnung, nämlich *Rechteck*. Diesem r1 weisen wir ein neues Rechteck zu. Wir geben dazu das Schlüsselwort an, das darauf hindeutet, dass – vor allem für die Attribute eines Rechtecks – neuer Speicherplatz reserviert wird. Schließlich wird eine sehr spezielle Methode angegeben, die wir weiter oben definiert haben und die denselben Namen trägt wie unsere Klasse selbst. Hier nochmals ihre Definition:

```
public Rechteck(int breite, int hoehe) {
    setBreite(breite);
    setHoehe(hoehe);
}
```

Bei dieser Methode handelt es sich um einen sog. *Konstruktor*. Er wird beim Anlegen einer neuen Instanz bzw. bei seiner *Instanziierung* aufgerufen und bewirkt die Initialisierung unseres neuen Objekts. Wir übergeben als Breite 10 und als Höhe 50. Die jeweiligen Werte werden somit unseren Attributen zugewiesen.

Wenn wir wollten, könnten wir auch mehrere Konstruktoren definieren; beispielsweise könnten wir noch einen Standard- bzw. Defaultkonstruktor hinzufügen, d. h., einen Konstruktor ohne Parameter. Wir hätten dann den Konstruktor *überladen* und also mehrere Konstruktoren mit unterschiedlichen Parameterlisten.

Um das Objekt zu benutzen, gibt man nun zuerst den Objektnamen an, dann einen Punkt („.") und abschließend den Namen der Methode, mit der man auf das Objekt zugreifen möchte. Hier ein Beispiel:

```
r1.paint()
```

Durch diesen Aufruf wird auf der Konsole ein mehr oder weniger ansprechendes gestricheltes Rechteck gezeichnet.

Der aufmerksame Leser mag nun den Eindruck haben, dass ich mich in Widersprüche verwickele: Weiter oben hatte ich noch erwähnt, dass eine Methode dem Zugriff auf die zugehörigen Attribute dient. Meine paint()-Methode greift aber auf die Attribute der Klasse überhaupt nicht zu! Stattdessen gibt sie ein Rechteck in statischer Größe aus. Sie hat mit einem konkreten Rechteck-Objekt nichts zu tun. Zu meiner Entschuldigung möchte ich sagen, dass die paint()-Methode ja noch nicht fertig ist. Unser finales Ziel soll es natürlich sein, ein Rechteck auf einer ordentlichen grafischen Oberfläche – nicht auf der Konsole – zu zeichnen. Die Breite des Rechtecks in Pixel wird durch das breite-Attribut festgelegt, die Höhe gibt das hoehe-Attribut an. Und dann passt es wieder: Unsere Methode (paint()) verwendet Attribute (breite, hoehe). Betrachten Sie also die aktuelle Implementierung als Zwischenschritt.

Übrigens kann man nicht nur Konstruktoren *überladen,* wie bereits angedeutet, sondern auch jede x-beliebige andere Methode. Denkbar wäre beispielsweise eine paint()-Methode mit einem Parameter, der die Farbe definiert, in der das Rechteck gezeichnet werden soll. In diesem Fall könnte paint() ohne Parameter das Rechteck defaultmäßig schwarz zeichnen, und das Rechteck könnte mit dem Farbe-Parameter in der parametrisierten Farbe angezeigt werden. Die Methode paint() wäre dann *überladen.*

Das Anlegen von Objekten im Speicher betrachtet

Sehen Sie sich bitte folgendes Beispiel an. Hier wird zunächst unser Objekt r1 des Typs Rechteck angelegt und zudem ein zweites Rechteck r2 definiert:

```
Rechteck r1 = new Rechteck(10, 50);
Rechteck r2 = new Rechteck(20, 30);
```

Lassen wir die Koordinaten auf den Bildschirm schreiben, etwa so:

```
System.out.println("r1 (" + r1.getBreite() +
                   ", " + r1.getHoehe() + ")");
System.out.println("r2 (" + r2.getBreite() +
                   ", " + r2.getHoehe() + ")");
```

Dann erhalten wir folgende Ausgabe:

```
r1 (10, 50)
r2 (20, 30)
```

Wir könnten nun die Breite von r1 auf 60 ändern:

```
r1.setBreite(60);
```

Und die wiederholte Ausgabe von r1 und r2 ergibt (wie erwartet):

```
r1 (60, 50)
r2 (20, 30)
```

Tun wir nun aber einmal Folgendes:

```
Rechteck r3 = r1;
```

Eine entsprechende Ausgabe von r1, r2 und r3 ergibt:

```
r1 (60, 50)
r2 (20, 30)
r3 (60, 50)
```

Setzen wir jetzt für r1 die Breite wieder zurück auf 10:

```
r1.setBreite(10);
```

Und wir erhalten diesen Output:

```
r1 (10, 50)
r2 (20, 30)
r3 (10, 50)
```

Nicht nur die Breite von r1 hat sich auf 10 geändert, sondern auch die von r3! Der Grund dafür ist, dass r3 keine Kopie von r1 ist, sondern eine Referenz auf dasselbe Objekt. Das bedeutet: Ändert sich r1, so ändert sich auch r3, und ändert sich r3, so ändert sich auch r1. Intern verweisen r1 und r3 auf denselben Speicherbereich.

Nun haben Sie vielleicht schon einmal gehört, dass es in Java keine Zeiger bzw. keine Referenzen gibt, wie beispielsweise in C++. Das ist syntaktisch auch vollkommen richtig, und diese Tatsache hat den Vorteil, dass die Programmierung in vielerlei Hinsicht vereinfacht ist. Dennoch muss man auch als Java-Programmierer eine gewisse Vorstellung von Referenzen haben, da im Speicher mit Java durchaus Zeiger verwendet werden. Ein Blick hinter die Kulissen bringt Licht ins Dunkel.

Was geschieht eigentlich, wenn wir schreiben:

```
Rechteck r1 = new Rechteck(10, 50);
```

Im Grunde genommen passieren hier gleich zwei Dinge auf einmal im Speicher. Deshalb werden wir diese Anweisung zunächst aufsplitten wie folgt:

```
Rechteck r1;
r1 = new Rechteck(10, 50);
```

Die erste Zeile definiert ausschließlich einen Zeiger auf ein Objekt des Typs Rechteck. Ein Zeiger ist eine Speicheradresse. Seine Größe ist abhängig von der Adressbusbreite. Eine 32-bit-Maschine hat 32bit große Zeiger, eine 64-bit-Maschine hat 64bit große Zeiger usw. Die zweite Zeile reserviert zunächst aufgrund des   Speicher. Wie viel Speicher reserviert wird, bestimmt indirekt der nachfolgende Konstruktor. Dieser lautet `Rechteck`, ist also von der Klasse `Rechteck`. Die Klasse `Rechteck` hat zwei `int`-Attribute, also muss für zwei `int`-Variablen Speicher reserviert werden. Anschließend wird der Konstruktor selbst ausgeführt, der wiederum das `Rechteck` mit der Breite 10 und der Höhe 50 initialisiert. Schließlich wird durch die Zuweisung („=") veranlasst, dass der Zeiger `r1` auf das angelegte `Rechteck` verweist. Das bedeutet, dass der Zeiger die Adresse des Rechteck-Objekts erhält.

Sie sieht der Speicher nach der ersten Zeile aus[1]:

Und so nach der zweiten Zeile:

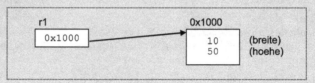

Analog dazu hat das Anlegen des Rechtecks `r2`, also diese Anweisung

```
Rechteck r2 = new Rechteck(20, 30);
```

die folgende Auswirkung im Speicher:

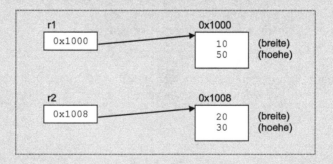

---

[1]Bitte beachten Sie, dass sich lediglich die Werte in den rechteckigen Kästen tatsächlich im Arbeitsspeicher befinden. Alles Weitere ist als Kommentierung zu verstehen.

Soll nun r1 manipuliert werden – die Breite soll beispielsweise auf den Wert 60 gesetzt werden:

```
r1.setBreite(60);
```

ist r1 quasi als ein Aliasname für den entsprechenden Zeiger zu sehen. Daraufhin wird der Zeiger *aufgelöst;* d. h., es wird im Speicher auf die Adresse gesprungen, die der Zeiger beinhaltet, und in unserem Fall wird durch die setBreite()-Methode das breite Attribut mit dem Wert 60 überschrieben.

Die folgende Abbildung zeigt das Ergebnis:

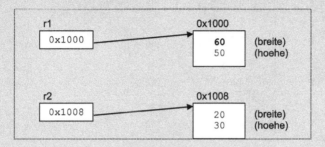

Und nun ist auch diese Anweisung besser zu verstehen:

```
Rechteck r3 = r1;
```

Ein Zeiger r3 auf das Objekt, auf das r1 bereits verweist, wird angelegt. Es wird also kein neues Objekt angelegt! Das Schlüsselwort new wird nicht verwendet! Das Ergebnis sieht aus wie folgt:

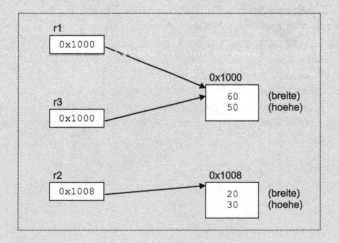

Wird nun also bei `r1` die Länge auf 10 gesetzt:

```
r1.setBreite(10);
```

wird eben jenes Objekt verändert, auf das auch `r3` verweist, und dies erklärt, dass beim Auslesen der Breite von `r3` auch der Wert 10 zurückgegeben wird.

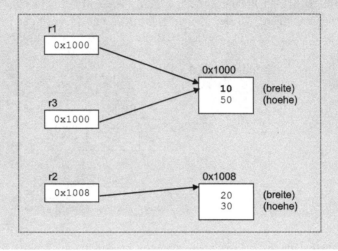

Sie können Attribute und Methoden einer Klasse auch als *statisch* definieren. Die `main()`-Methode ist eine solche statische Methode. Statische Attribute und Methoden werden durch das Schlüsselwort gekennzeichnet (Sie erinnern sich: `public static void main...`). Die Besonderheit statischer Attribute und Methoden besteht darin, dass sie nicht an ein Objekt gebunden sind, sondern nur einmal pro Klasse existieren.

Sie können von einer beliebigen (normalen) Methode aus auf eine statische Methode oder ein statisches Attribut zugreifen; Sie können aber von einer statischen Methode einer Klasse keine (normale) Methode und kein (normales) Attribut direkt ansprechen. Das wäre nicht eindeutig.

Beispielsweise können wir zu Demonstrationszwecken in der Klasse `Rechteck` ein statisches Attribut benutzen, um jeder Instanz eine eindeutige Nummer zu geben. Betrachten Sie dazu folgenden Ausschnitt einer modifizierten `Rechteck`-Klasse:

```java
public class Rechteck {

    private static int maxNr = 0;

    private int nr;
    private int breite;
    private int hoehe;

    public Rechteck(int breite, int hoehe) {

        nr = maxNr++;
        setBreite(breite);
        setHoehe(hoehe);
    }

    ...
}
```

Das statische Attribut `maxNr` wird mit 0 initialisiert. Bei jeder Erzeugung eines neuen Rechtecks wird dessen Attribut `nr` mit dem Wert von `maxNr` belegt, anschließend wird `maxNr` um den Wert 1 erhöht. Das erste Rechteck, das angelegt wird, hat daher die Nummer 0, das zweite Rechteck hat die Nummer 1, das dritte Rechteck die Nummer 2 usw.

Ich möchte Ihnen noch etwas zeigen. Dazu erweitere ich die geänderte `Rechteck`-Klasse:

```java
public class Rechteck {

    private static int maxNr = 0;
    private static final int INTERVALL = 10;

    private int nr;
    private int breite;
    private int hoehe;

    public Rechteck(int breite, int hoehe) {

        nr = maxNr++;

        if (nr % INTERVALL == 0)
            System.out.println("Rechteck Nr. " + nr + " angelegt.");

        setBreite(breite);
        setHoehe(hoehe);
    }

    ...
}
```

Das Programm enthält ein zusätzliches statisches Attribut namens `INTERVALL`, welches mit dem Schlüsselwort `final` deklariert ist. Dadurch ist es als *Konstante* gekennzeichnet. Der Wert von `INTERVALL` kann nach seiner Initialisierung während des Programmverlaufs nicht mehr geändert werden. Namen von Konstanten werden üblicherweise großgeschrieben.

Das Programm bewirkt bei entsprechend häufiger Instanziierung von Recht-eck folgende Ausgabe auf dem Bildschirm:

```
Rechteck Nr.  0 angelegt.
Rechteck Nr. 10 angelegt.
Rechteck Nr. 20 angelegt.
Rechteck Nr. 30 angelegt.
Rechteck Nr. 40 angelegt.
```

3.2   Im Grunde genommen ist eine Klasse wie ein Pfirsich

Na ja, vielleicht hinkt dieser Vergleich etwas, aber zumindest in struktureller Hinsicht kann man eine Klasse mit einem Pfirsich vergleichen.

Ein Pfirsich besteht im Wesentlichen aus einem ziemlich dicken Kern, umgeben von sehr viel Fruchtfleisch. Der Kern ist innen, das Fruchtfleisch außen. Um zum Kern vorzudringen, muss man erst durch das Fruchtfleisch hindurch. Den Kern direkt zu erreichen, ist nicht möglich.

Bei einer Klasse ist das im Prinzip genauso. Die Attribute stellen quasi den Kern dar, das Fruchtfleisch entspricht den Methoden. An die Attribute gelangt man von außen über die Methoden.

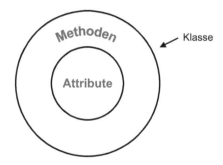

Leider hat sich in diesem Zusammenhang der von mir vorgeschlagene Fachbegriff *Pfirsichprinzip* nicht durchgesetzt. Stattdessen spricht man hier üblicherweise von der sog. *Datenkapselung*. Die Methoden *kapseln* ihre Attribute, d. h., die Methoden steuern den Zugriff auf ihre Attribute.

Ein Beispiel: Wir wollen die Länge des Rechtecks r1 durch die Methode eines beliebigen Objekts auslesen (wir wollen also 10 erhalten – das ist der aktuelle Wert). Wir rufen deshalb die Methode getBreite() aus der Klasse Rechteck auf, die wiederum auf das eigentliche Attribut breite zugreift und uns dessen Wert zurückliefert.

Sehen Sie hier nochmals die Methode `getBreite()` aus der Klasse Rechteck:

```
public int getBreite() {
   return breite;
}
```

Und sehen Sie hier den entsprechenden Methodenaufruf:

```
r1.getBreite();
```

Im Allgemeinen gestaltet sich die Kommunikation zwischen folgendermaßen:

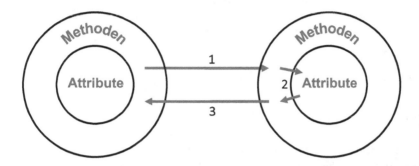

In dieser Abbildung ruft (1) eine Methode des linken Objekts einer Klasse eine Methode des rechten Objekts einer anderen Klasse auf, das daraufhin (2) auf dessen Attribute zugreift (sie ausliest und/oder verändert) und schließlich (3) einen Wert zurückgibt. Der letzte Schritt (3) ist optional. Nicht aus jedem Methodenaufruf resultiert ein Rückgabewert. In einem solchen Fall dient der Methodenaufruf einzig der Manipulation der jeweiligen Attribute.

Java ist bei der Datenkapselung nicht ganz so rigoros. Man kann nicht zwangsläufig nur über Methoden einer Klasse auf die Attribute dieser Klasse zugreifen. Vielmehr überlässt es Java uns (den Programmierern), zu konfigurieren, welche Attribute *von außen* angesprochen werden können und welche nicht. Attribute, die von außen adressiert werden dürfen, werden mit dem Schlüsselwort deklariert. Sollen Attribute nur von Methoden derselben Klasse angesprochen werden dürfen, werden sie mit dem Schlüsselwort `private` deklariert.

In unserer `Rechteck`-Klasse waren sämtliche Attribute als `private` ausgewiesen. Sie dürfen also nicht von außen angesprochen werden. So sah die entsprechende Deklaration aus:

```
private int breite;
private int hoehe;
```

Beide Attribute sind `private`.

Für Methoden gilt das gleiche: Methoden können `public` sein oder
`private`. Alle unsere Methoden der Klasse `Rechteck` waren `public`, also
von außen ansprechbar, wie beispielsweise unsere `setHoehe()` Methode:

```
public void setHoehe(int hoehe) {
    if (hoehe > 0) this.hoehe = hoehe;
}
```

Etwaige `private`-Methoden könnten ausschließlich von klasseninternen
Methoden angestoßen werden.

Im Übrigen sind `private` und `public` nicht die einzigen Schlüsselwörter in
Java, durch die die sog. *Sichtbarkeit* festgelegt werden kann. Folgende Aufstellung
gibt einen vollständigen Überblick:

	In derselben Klasse	In Unterklasse	Im selben Package	Überall
private	Sichtbar			
protected	Sichtbar	Sichtbar	Sichtbar	
public	Sichtbar	Sichtbar	Sichtbar	Sichtbar
Nichts angegeben	Sichtbar		Sichtbar	

Es besteht also zusätzlich noch die Möglichkeit, `protected` oder auch nichts anzu-
geben. Wir haben bis jetzt lediglich die *Sichtbarkeit in derselben Klasse* und *Überall* unterschieden. Tatsächlich ist eine feingranularere Konfiguration der Sichtbarkeit
möglich, indem speziell *Unterklassen* und die Zugehörigkeit zu demselben *Package*
berücksichtigt werden. Was mit Unterklassen gemeint ist, sehen wir in Kap. 4 im
Zusammenhang mit Vererbung. Ein Package bietet die Möglichkeit, mehrere logisch
zusammengehörige Klassen zu gruppieren. Das Thema Packages behandeln wir gegen
Ende dieses Abschnitts näher.

Achtung: Die Sichtbarkeit ist klassenspezifisch und nicht objektspezifisch!
Eine `private` Methode eines bestimmten Objekts kann z. B. nicht nur durch
Methodeninstanzen aufgerufen werden, die sich auf dasselbe Objekt beziehen.
Vielmehr haben sämtliche Objekte der entsprechenden Klasse Zugriff auf diese
Methode.

Beispielsweise ist folgende Klassendefinition gültig:

```
public class O {

    ...

    private int m1() {
        ...
    }

    public int m2(O o) {
        return o.m1();
    }
}
```

Die Methode m2() kann m1() auf das Objekt o anwenden, obwohl m1 *private* ist. Ausschlaggebend hierfür ist, dass m2() und m1() *in derselben Klasse* deklariert sind.

Ich habe weiter vorne die sog. *elementaren Datentypen* vorgestellt. Jetzt führen wir einen weiteren Datentyp ein, die sog. *abstrakten Datentypen*. Und abstrakte Datentypen werden spezifiziert durch Klassen.

Konkrete Ausprägungen bzw. Instanzen elementarer Datentypen nennt man Variablen, Instanzen von Klassen werden als Objekte bezeichnet. Der Typ bestimmt in beiden Fällen, welche Operationen auf die Variable bzw. das Objekt angewendet werden können. Bei abstrakten Datentypen werden die Operationen durch die Methoden der entsprechenden Klasse bestimmt. Die Operationen werden explizit (also vom Programmierer) definiert. Bei den elementaren Datentypen sind die Operationen implizit (durch die Programmiersprache) vorgegeben. Eine int-Variable erlaubt beispielsweise eine Addition (+-Operator), eine Multiplikation (*-Operator), eine Inkrementierung (++-Operator) usw. Das Verhalten ist jeweils genau vorgegeben. Das geht soweit, dass Java implizit eine Exception wirft, wenn eine Division durch 0 versucht wird.

Ein weiterer Unterschied zwischen abstrakten und elementaren Datentypen besteht darin, dass abstrakte Typen stets indirekt, also über Referenzen, angesprochen werden, elementare Typen aber nicht. Abstrakte Typen stellen daher sog. *Referenztypen* dar, wohingegen direkt adressierte elementare Datentypen sog. *Wertetypen* sind.

Warum ist die Unterscheidung zwischen elementaren und abstrakten Datentypen nötig?

Elementare und abstrakte Datentypen sind sich sehr ähnlich. Erstere sind fest durch Java vorgegeben, letztere sind frei implementierbar. Es stellt sich nur die Frage, warum überhaupt eine Unterscheidung zwischen elementaren und abstrakten Datentypen gemacht wird bzw. warum die elementaren Datentypen nicht auch einfach als Klassen definiert und Bestandteil der mitgelieferten Klassenbibliothek von Java sind?

Die Antwort lautet: Wäre jede int-, jede double-, jede char-Variable als ein Objekt implementiert, wäre Java deutlich langsamer. Die Verwaltung von Objekten ist für den Rechner viel aufwendiger als der Umgang mit elementaren Variablen. Das liegt zum einen an der indirekten

Adressierung von Objekten in Java (Sie erinnern sich an die Zeiger?) und zum anderen daran, dass Operationen auf elementare Datentypen vom Prozessor direkt unterstützt werden. Dieser weiß, wie man zwei Ganzzahlen addiert, wie man zwei Gleitpunktzahlen dividiert – das ist schließlich seine Aufgabe. Würde der Aufruf dieser grundlegenden Operationen über eine zusätzliche Methodeninstanz erfolgen, wäre das System gebremst. Problematisch ist dies vor allem, da in einer Java-Anwendung nicht nur ein paar elementare Variablen existieren, sondern im Grunde genommen sämtliche Objekte auf Attributen elementarer Datentypen basieren. Die Verlangsamung durch eine Implementierung mittels Objekten summiert sich also ganz erheblich – deshalb die Trennung zwischen elementaren und abstrakten Datentypen.

Java hat in dieser Hinsicht auch aus der Vergangenheit gelernt. Es gab schon einmal (mindestens) eine Programmiersprache, die nur aus Klassen/ Objekten aufgebaut war, und zwar *Smalltalk*. Gerade hier hatte man festgestellt, dass der Umgang mit Objekten für Typen wie int, double etc. zu langsam ist.

Zeichenketten (Strings)

Zeichenketten bzw. Strings sind etwas sehr Fundamentales beim Programmieren. Man benötigt sie eigentlich ständig. Trotzdem bin ich aus einem triftigen Grund bislang auf dieses Thema nicht näher eingegangen.

Während für einzelne Zeichen (z. B. 'A', '*', '5') der elementare Datentyp char zuständig ist, benötigt man für den Umgang mit Zeichenketten (z. B. "Hello World", "H-7-25") den abstrakten Datentyp String. Es gibt also eine Klasse String, Instanzen dieser Klasse sind konkrete Zeichenketten. Und da Klassen und Objekte erst jetzt erklärt werden konnten, behandeln wir auch jetzt erst das Thema *Strings*.

Übrigens wurden in den bereits gezeigten Beispielen für einzelne Zeichen und Zeichenketten bewusst *Zeichenliterale* in einfache Anführungszeichen (z. B. 'A') und *Stringliterale* in doppelte Anführungszeichen (z. B. "Hello") gesetzt. In Java muss das so sein. Bitte achten Sie darauf.

Um nun also ein Objekt des Typs String zu definieren, kann man vorgehen wie folgt:

```
String str = new String("Hello");
```

Auf diese Art und Weise werden die Objekte üblicherweise angelegt. Im Falle von Strings geht es aber auch kürzer:

```
String str = "Hello";
```

Beide Vorgehensweisen haben die gleiche Bedeutung. Mehrere Strings kann man (wie bereits praktiziert) mithilfe des Plus-Operators verknüpfen. Etwa wie hier:

```
str = str + " World";
```

Für den Fall, dass in str zuerst "Hello" stand, befindet sich nun in dieser Variablen der Wert "Hello World". Folgender Ausdruck gibt schließlich unseren altbekannten Gruß auf der Konsole aus:

```
System.out.println(str);
```

Die Klasse String bietet zahlreiche nützliche Methoden zur Verarbeitung von Zeichenketten. Folgende Tabelle zeigt eine Auswahl:

`char charAt(int index)`	Gibt das Zeichen an einer bestimmten Position zurück.
`int compareTo(String anotherString)`	Vergleicht zwei Strings lexikographisch. Sind beide Strings gleich, wird 0 zurückgegeben, ist der String kleiner als `anotherString`, wird ein Wert kleiner 0 zurückgegeben, andernfalls ein Wert größer 0.
`boolean equals(Object anObject)`	Prüft zwei Strings auf Gleichheit.
`int length()`	Gibt die Anzahl der Zeichen zurück.
`String substring (int beginIndex, int endIndex)`	Gibt einen Teilstring zurück, der alle Zeichen von `beginIndex` bis einschließlich `endIndex - 1` beinhaltet.
`String toLowerCase()`	Wandelt alle Buchstaben in Kleinbuchstaben um.
`String toUpperCase()`	Wandelt alle Buchstaben in Großbuchstaben um.
`String trim()`	Schneidet führende und abschließende Whitespaces (Leerzeichen, Tab-Zeichen, Zeilenumbrüche) ab.

Das folgende Beispiel demonstriert die Anwendung dieser Methoden:

```
public static boolean hatSubstring(String orig,
                                   String suche) {

    orig = orig.toLowerCase();
    suche = suche.trim();
    suche = suche.toLowerCase();

    if (suche.length() > orig.length())
        return false;

    for (int i = 0;
         i < orig.length() - suche.length();
         i++) {

        String comp =
            orig.substring(i, i + suche.length());

        if (suche.equals(comp)) return true;
    }
    return false;
}

public static void main(String[] args) {
    String orig = "Dampfschifffahrtsgesellschaft";
    String suche = " Fahrt ";
    System.out.println(hatSubstring(orig, suche));
    // ergibt "true"
}
```

Die Funktion `hatSubstring` prüft, ob im String `orig` die Zeichenkette `suche` enthalten ist. Zu diesem Zweck werden beide Strings zunächst in Kleinbuchstaben umgewandelt. Damit spielt Groß-/Kleinschreibung bei der Suche keine Rolle mehr. Der Suchstring entfernt zudem führende und abschließende Whitespaces. Die Methode gibt schließlich `true` zurück, wenn der Suchstring in `orig` enthalten ist, andernfalls wird `false` zurückgegeben.

Von nichtinitialisierten Variablen und dem Wert null
Nehmen wir an, Sie deklarieren eine Variable und wollen sie auslesen, bevor Sie die Variable mit einem Wert initialisiert haben. Welche Auswirkungen hat das?

Bevor wir dies genauer betrachten, sollten wir uns über Folgendes einig sein: Es wäre nicht gut, wenn unser Programm Variablen auslesen könnte, die nicht initialisiert sind. Das würde bedeuten, dass wir einen Wert verwenden, der gerade zufällig im entsprechenden Speicherbereich aufzufinden ist. Würden wir eine nichtinitialisierte `int`-Variable auslesen, würde deren Wert eine x-beliebige Zahl ergeben. Würden wir eine nicht-initialisierte Objektreferenz auslesen, würde diese auf eine x-beliebige Stelle im Speicher verweisen, und wir würden den entsprechenden Speicherinhalt als unser Objekt identifizieren. Hinzu kommt, dass eine Anwendung gar nicht auf beliebige Adressen im Speicher zugreifen darf, sondern nur auf einen ihr zugewiesenen Speicherbereich. Sollte also diese x-beliebige Stelle im Speicher außerhalb unseres zugewiesenen Speicherbereiches liegen, bekämen wir auch noch Probleme mit dem Betriebssystem. Das Betriebssystem ist in einem solchen Fall nicht gerade zimperlich. Es *killt* unseren Prozess. Das Programm wird also abgebrochen.

Der häufigen Verwendung des Konjunktivs im letzten Absatz können Sie entnehmen, dass der Java-Compiler nicht zulässt, dass unser Programm nichtinitialisierte Variablen ausliest. Sehen Sie im Folgenden, wie er dies bewerkstelligt.

Wir unterscheiden lokale Variablen (Variablen, die innerhalb einer Funktion bzw. einer Methode deklariert sind) und Attribute einer Klasse und betrachten jeweils eine `int`-Variable als Repräsentant eines Wertetyps und ein `Rechteck`-Objekt als Vertreter eines Referenztyps.

```
public class Test {

    public Test(){} // Der Konstruktor tut nichts

    public void f() {

        int x;        // x wird KEIN Wert zugewiesen!
        Rechteck r;   // r wird KEIN Wert zugewiesen!

        int y = x + 1;              // Fehler!
        int z = r.getBreite() + 1;  // Fehler!
    }

    public static void main(String[] args) {
        Test t = new Test();
        t.f();
    }
}
```

In obigem Codeauszug deklarieren wir die lokalen Variablen x und r und versuchen, x für die Initialisierung von y zu verwenden und r für die Initialisierung von z. Beide Versuche scheitern. Der Compiler weist uns darauf hin, dass weder x noch r initialisiert sind und weigert sich, das Programm zu übersetzen.

Und wenn x und r als Attribute deklariert sind? Sehen Sie selbst:

```
public class Test {

    private int x;
    private Rechteck r;

    public Test() { }

    public void f() {
        int y = x + 1;              // Funktioniert!
        System.out.println(y);    // Gibt 1 aus

        int z = r.getBreite() + 1;
                            // NullPointerException
        System.out.println(r);
    }

    public static void main(String[] args) {
        Test t = new Test();
        t.f();
    }
}
```

Die beiden Variablen x und r sind nun Attribute der Klasse Test. Wieder versuchen wir in der Methode f() deren Werte auszulesen. Im Gegensatz zum vorangegangenen Programm wird der Compiler dieses Programm fehlerfrei übersetzen.

Achtung! Die Erklärung dafür ist etwas komplizierter: Der Compiler *weiß* im *Allgemeinen* NICHT, ob ein Attribut vor seiner Verwendung explizit initialisiert wurde. Er kann dies normalerweise auch gar nicht wissen! Nehmen wir an, die Klasse Test hat neben der Methode f() auch eine Methode setX(), mit der der Wert des Attributs x gesetzt werden kann – ähnlich der setBreite()- oder der setHoehe()-Methode in der Klasse Rechteck. Der Compiler ist aktiv, bevor das Programm gestartet werden kann. Er kann nicht wissen, ob zur Laufzeit erst die setX()-Methode aufgerufen wird – und damit das x-Attribut initialisiert wird – und anschließend die Methode f() oder ob die Reihenfolge umgekehrt ist. Schlimmer noch: Die Aufrufreihenfolge kann, je nach Instanz von Test, variieren.

Da der Java-Compiler nicht entscheiden kann, ob ein Attribut vor dem Auslesen initialisiert wurde, sorgt er immer dafür, dass die Attribute eines Objekts mit Standardwerten belegt werden, wenn es angelegt wird. So werden gänzlich undefinierte Speicherinhalte auch bei Attributen vermieden.

Der Standardwert für int-Variablen ist 0. Deshalb wird im obigen Codelisting die Variable y auf den Wert 1 gesetzt (=> 0 + 1 = 1). Der Standardwert für Referenztypen wie Rechteck ist null. Dies ist ein reservierter Name in Java. Wird r auf null gesetzt, wird der entsprechende Rechteck-Zeiger mit binären Nullen vorbelegt. Dadurch ist markiert, dass r aktuell auf keine `Rechteck`-Instanz zeigt. r zeigt dann gewissermaßen auf *nichts*. Ohnehin bietet es sich an, das Schlüsselwort als *nichts* zu interpretieren und nicht als den numerischen Wert 0. `null` ist nicht zum Rechnen gedacht, sondern drückt eine nichtexistente Objektreferenz aus. Folgende Zeile führt nun während der Laufzeit zu einem Programmabbruch:

```
int z = r.getBreite() + 1; // NullPointerException
```

Das Attribut r enthält also den Wert `null`. Wir versuchen, mit r. `getBreite()` die entsprechende Referenz *aufzulösen,* also auf das Objekt zuzugreifen, auf das r verweist. Da r aber auf kein Objekt verweist, bricht das Programm mit einer sog. `NullPointerException` ab.

Unsere Rechteckreferenz r wird implizit beim Anlegen auf `null` gesetzt. Wir können aber auch r explizit auf `null` setzen, unabhängig davon, ob es sich dabei um eine lokale Variable oder das Attribut einer Klasse handelt. Im folgenden Fall setzen wir beispielsweise die lokale Variable r auf den Wert `null` und übergeben sie dann der Methode g(). Würden wir r nicht zuvor auf `null` setzen, wäre es nicht initialisiert und der Compiler ließe eine Übergabe von r an g() nicht zu:Wir können also mithilfe des Schlüsselwortes `null` gezielt ausdrücken, dass aktuell keine entsprechende Instanz existiert.

```
public class Test {

    private Test() { }

    private void f() {
        Rechteck r = null;
        g(r);
    }

    private void g(Rechteck rechteck) {
        ...
    }

    ...
}
```

Zum Abschluss dieses Exkurses möchte ich Sie noch um eines bitten: Rechnen Sie nicht mit implizit initialisierten Attributen, zumindest nicht bei Wertetypen. Geben Sie also niemals die nachfolgende Anweisung an, wenn x ein Attribut ist und von Ihnen nicht ausdrücklich vorher auf einen bestimmten Wert gesetzt worden ist:

```
int y = x + 1;
```

Hier für x den Wert 0 anzunehmen, nur weil es implizit so initialisiert wurde, ist unglaublich schlechter Programmierstil. Es schadet nicht zu wissen, dass Ihr Compiler im Zweifelsfall für eine Initialisierung Ihrer

Attribute sorgt. Sie sollten dies aber nicht ausnutzen. Es ist sehr irritierend, wenn Variablen ausgelesen werden, bevor sie irgendwo im Quellcode auf einen bestimmten Wert gesetzt worden sind. Darüber hinaus sieht die Objektorientierte Programmierung vor, dass sämtliche Attribute einer Klasse bei der Instanziierung im Konstruktor initialisiert werden. Folgen Sie diesem Paradigma immer konsequent, wird nie der Fall eintreten, dass Methoden auf implizit initialisierte Attribute stoßen.

Kommen wir nun zum Thema *Packages*. Packages erlauben es, Klassen zu gruppieren. Wollen Sie die Klasse(n) einer Java-Datei einem Package zuordnen, müssen Sie zwei Dinge beachten: Geben Sie zum einen als erste(!) Anweisung in der Java-Datei an, welchem Package sie angehört. Verwenden Sie dazu das Schlüsselwort `package` wie folgt:

```
package packagename;
```

Zum anderen muss die entsprechende Java-Datei auch ausgehend vom Projekt-pfad in einem Verzeichnis liegen, das denselben Namen hat wie das Package. Das klingt umständlich, ist aber nicht so schwierig, wenn Sie eine moderne Entwicklungsumgebung wie beispielsweise *Eclipse* verwenden, welche die Synchronisation von Packagestruktur und Dateisystem automatisch sicherstellt.

Geben Sie in einer Java-Datei kein Package an – wie dies bisher der Fall war – befindet sie sich im sog. *Default-Package*. Im Dateisystem liegt diese Java-Datei in der Regel direkt im Projektverzeichnis. Für unsere bisherigen Mini-Projekte ist das akzeptabel. Hier lohnt es sich nicht, sich Gedanken über die Einordnung der Klassen in Packages zu machen, insbesondere dann nicht, wenn das Projekt ohne-hin nur aus einer einzigen Klasse besteht. Haben Sie aber ein Projekt mit mehreren Klassen, bieten Packages die Möglichkeit, diese zu strukturieren. Das Projekt bleibt dadurch übersichtlich und ist leichter zu warten.

Für große Projekte ist eine flache Anordnung von Packages unzureichend. In solchen Fällen gestattet Java eine *Packagehierarchie*. Packages können folglich Unterpackages besitzen, wobei die Verschachtelungstiefe nahezu beliebig groß sein kann. Bitte übertreiben Sie es mit dem Verschachteln aber nicht. Sollten Sie der Meinung sein, mehr als fünf Packages in die Tiefe gehen zu müssen, machen Sie irgendetwas falsch, oder Ihr Programm ist derart gigantisch, dass Microsoft vor Ihnen erzittern muss. Um im Programm verschachtelte Packages zu definieren, müssen Sie die einzelnen Packagehierarchien bei der `package`-Anweisung mit einem Punkt voneinander wie in folgendem Beispiel trennen:

```
package oberpackage.zwischenpackage.unterpackage;
```

Neben einer besseren Projektstruktur bieten Packages noch einen weiteren Vor-teil: Sie trennen *Namensräume*. Damit müssen Klassen nur innerhalb eines Packages einen eindeutigen Namen besitzen. Stellen Sie sich ein Projekt mit 2000 Klassen vor, dann wissen Sie diesen Vorteil zu schätzen. Dies hat allerdings

Konsequenzen: Wollen Sie eine Klasse aus einem anderen Package verwenden, müssen Sie den vollqualifizierten Klassennamen angeben, um sie zu adressieren. Der vollqualifizierte Klassenname besteht aus dem Packagenamen, wobei die einzelnen Hierarchieebenen durch einen Punkt voneinander getrennt sind; es folgt ein Punkt und schließlich der Klassenname. Ein Beispiel:

```
public class Abc {
    private op.zp.up.Xyz test;
    …
}
```

Die Klasse Abc hält ein Attribut des Typs Xyz. Befinden sich Abc und Xyz in verschiedenen Packages, muss in Abc der vollqualizfizierte Name von Xyz angegeben werden. Liegt Xyz im Package op.zp.up, lautet der vollqualifizierte Name op.zp.up.Xyz. Es gibt aber noch eine weitere, gebräuchlichere Option, um Xyz einzubinden: die import-Anweisung. import-Anweisungen müssen in Java-Dateien *vor* der Definition der Klasse(n) stehen. Das sieht so aus:

```
import op.zp.up.Xyz;

public class Abc {
    private Xyz test;
    …
}
```

Wird eine Klasse aus einem anderen Package referenziert, wird sie üblicherweise gleich mehrmals innerhalb der referenzierenden Klasse verwendet. Unter diesem Aspekt betrachtet, ist die Verwendung der import-Anweisung vorteilhafter, da der vollqualifzierte Klassenname nicht ständig angegeben werden muss, wodurch der Quellcode unübersichtlich werden würde. Sie kommen aber nicht umhin, vollqualifizierte Klassennamen zu verwenden, wenn zwei Klassen mit gleichem Namen aus verschiedenen Packages referenziert werden sollen. Zwei import-Anweisungen in einer Klasse, die sich auf zwei identische Klassennamen beziehen, sind nicht erlaubt und auch nicht sinnvoll.

Bei der Verwendung von Klassen aus anderen Packages gibt es Einschränkungen. Sie können nur Klassen verwenden, die public sind. Bei allen bisherigen Klassendefinitionen haben wir jeweils das Schlüsselwort public angegeben. Lassen wir dieses weg, sind die entsprechenden Klassen außerhalb ihres Packages nicht mehr sichtbar. Die Sichtbarkeit lässt sich nicht nur bei Attributen und Methoden einschränken, sondern auch bei Klassen, hier allerdings auf eine weniger differenzierte Art und Weise. Bei Attributen und Methoden wird zwischen public, protected, private und keiner Angabe unterschieden. Bei Klassen gibt es nur public oder keine Angabe.

Die Java-Klassenbibliothek hält ein spezielles Package bereit, dessen Klassen standardmäßig *importiert* werden. Es handelt sich dabei um das Package java.lang. Dieses Package beinhaltet eine Reihe fundamentaler Klassen für die Programmiersprache Java. Einige dieser Klassen haben wir bereits an der einen oder anderen Stelle verwendet (ohne dass wir eine entsprechende import-Anweisung angeben mussten) oder werden sie auf den folgenden Seiten noch benutzen. Wichtige Klassen aus diesem Package sind beispielsweise: `System`, `Object`, `String`, `Math` und `Exception`.

Damit sind wir beim letzten Thema des Pfirsich-Abschnitts angelangt. Sprechen wir über *Kohäsion* und *Kopplung*. *Kohäsion* bezeichnet die Anzahl von Abhängigkeiten innerhalb eines Systems, während *Kopplung* durch die Anzahl von Abhängigkeiten zwischen Systemen bestimmt ist. Unter *Systemen* versteht man im Rahmen der Java-Programmierung konkret nicht-atomare Programmeinheiten, also Programmeinheiten, die zerlegbar sind und somit aus weiteren Programmeinheiten bestehen: aus Klassen und Packages. Klassen wiederum bestehen aus Attributen und Methoden, und Packages bestehen aus Klassen oder Sub-Packages. Sie können hierbei auch Methoden mit hinzunehmen, die aus lokalen Variablen bestehen. Nicht gemeint sind elementare Variablen/Attribute (des Typs `int`, `double` etc.). Sie sind – wie der Name schon sagt – elementar bzw. atomar.

Man sagt, ein gutes Design sei geprägt von hoher Kohäsion und geringer Kopplung; d. h., die Komponenten eines Systems sollen viele Abhängigkeiten zueinander aufweisen, zwischen den Systemen soll es hingegen nur wenige Abhängigkeiten geben. In Anbetracht der Tatsache, dass die Systeme, die wir meinen, hierarchisch angeordnet sind, dass es also Systeme von Systemen gibt, ist diese Anforderung widersprüchlich. Ein (abstraktes) Beispiel zeigt folgende Abbildung:

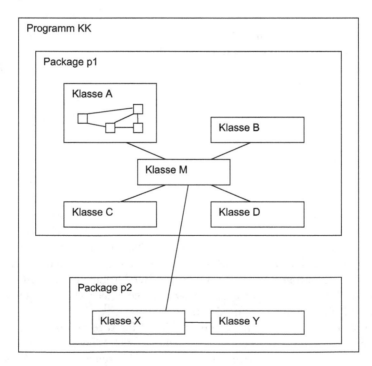

Dieses Beispielprogramm ist zur Erläuterung der Begriffe Kohäsion und Kopplung sehr gut geeignet. Betrachten Sie zunächst Klasse A. Sie ist die einzige Klasse, bei der die Abbildung die Komponenten zeigt. Bei allen anderen Klassen sind die Interna zwecks besserer Übersichtlichkeit ausgeblendet. Wie Sie sehen können, sind die Komponenten der Klasse A stark miteinander verwoben. Die Komponenten (Attribute, Methoden) weisen viele Abhängigkeiten zu den anderen Komponenten im System auf. Die Kohäsion ist demnach hoch. Das ist gut. Nach außen hin weist die Komponente nur eine Beziehung auf, die zur Klasse M. Die Kopplung der Klasse A zu anderen Systemen ist also gering, und geringe Kopplung ist auch gut. Bei der Kopplung spricht man übrigens weniger von gering und hoch, sondern stattdessen eher von *lose* und *eng*. Insofern sollten wir hier besser sagen: Die *lose* Kopplung ist auch gut.

Betrachten wir als nächstes das Package p1. Nun wird der gerade erwähnte Widerspruch zwischen hoher Kohäsion und loser bzw. geringer Kopplung ersichtlich. Aus der Sicht der Klasse A war es uns gerade noch wichtig, nach außen hin, also auf Package-Ebene, möglichst wenige Abhängigkeiten zu haben, und aus der Sicht des Packages wollen wir deren Kohäsion maximieren. Wir streben möglichst viele Beziehungen zwischen den Klassen innerhalb des Packages an.

Um zu verstehen, was Kohäsion und Kopplung bedeuten, müssen Sie zum einen das Gesamtsystem *von innen nach außen* betrachten und zum anderen die Anforderungen als relative Anforderungen verstehen. Versuchen wir das einmal: Wir beginnen *innen,* nämlich bei der Klasse. Beim Design einer Klasse ist es wichtig, dass die Attribute und Methoden viele Beziehungen zueinander haben, da sich andernfalls die Frage stellen würde, warum man sie überhaupt durch eine Klasse kapseln sollte oder ob es nicht doch besser wäre, sie auf verschiedene Klassen aufzuteilen. Die Komponenten einer Klasse müssen zusammenarbeiten, da sie andernfalls nicht in eine gemeinsame Klasse gehören. Nach *außen* streben wir möglichst wenige Beziehungen an. Dadurch reduzieren wir die Komplexität des Systems. Durch wenige Beziehungen nach außen wird das Gesamtsystem übersichtlicher, und damit einfacher und auch flexibler bei Änderungen. Nachdem die Klassen entworfen und die Beziehungen nach außen definiert sind, wollen wir sie in Packages einordnen. Wir nehmen nun jene Klassen zusammen, die insgesamt stark miteinander korrelieren – also wechselseitig stark zueinander in Beziehung stehen. Dadurch erreichen wir eine hohe Kohäsion im Package und gleichzeitig(!) eine lose Kopplung zu anderen Packages. Analog gehen wir vor, wenn wir mehrere Packages zu einer Gruppe zusammenfassen möchten.

Was bisher in Bezug auf den Entwurf objektorientierter Softwarearchitekturen betrachtet wurde, bezieht sich lediglich auf technische Aspekte. Das ist aber leider nur die halbe Wahrheit. Wir müssen beim Entwurf unserer Klassen auch inhaltliche Aspekte berücksichtigen. Betrachten Sie nochmals die Beispielarchitektur. Alleine anhand der Theorien über Kohäsion und Kopplung könnten wir nicht begründen, warum wir ein zusätzliches Package p2 definieren anstatt dessen

Klassen einfach in p1 zu integrieren. Denn: p2 besitzt *eine* interne Beziehung und *eine* Beziehung nach außen. Man kann davon nicht ohne Weiteres ableiten, dass es *viele* interne Beziehungen und *wenige* Beziehungen nach außen hat. Gehen wir aber davon aus, dass in p1 Klassen für grafische Benutzeroberflächen definiert sind (z. B. Button, Textfeld, Listbox) und in p2 Klassen für den Dateizugriff, ist es in jedem Fall angebracht, derart verschiedenen Code – aus inhaltlichen Gründen – auf verschiedene Packages zu verteilen.

In der Praxis ist es zugegebenermaßen nicht einfach, ein gutes Klassendesign zu finden. Üblicherweise benötigt man dazu viel Erfahrung. Möchten Sie einmal größere Softwarearchitekturen gestalten, sollten Sie sich mit Theorien wie beispielsweise Kohäsion und Kopplung auseinandersetzen, damit Sie eine Vorstellung davon bekommen, in welche Richtung Ihre Architektur eigentlich gehen soll.

3.3   Vererbung und Polymorphie

Vererbung ist an und für sich (Hegel) eine schöne Sache – auch in der objektorientierten Programmierung.

Dazu vorab ein Beispiel: Die Klasse `Rechteck` besitzt aktuell die Attribute `breite` und `hoehe`. Diese beiden Eigenschaften bestimmen zwar die Form eines Rechtecks eindeutig, wollen wir aber das Rechteck irgendwann auf einer Zeichenfläche abbilden, wäre es von Vorteil, in der Klasse Rechteck auch dessen Position bzw. die Koordinaten festzuhalten. Tun wir dies also! Erweitern wir unsere Klasse `Rechteck` um die beiden Attribute `xPos` und `yPos`, die die x- bzw. die y-Koordinate der linken oberen Ecke des Rechtecks bestimmen. (Wir definieren die linke obere Ecke, weil diese üblicherweise genommen wird; Sie können aber auch die Koordinaten jeder anderen Ecke bestimmen.) Beide Attribute sollen übrigens dem Typ `int` angehören. Kennzeichnen Sie die Attribute als `private` und stellen Sie entsprechende (`public`) `set`- und `get`-Methoden für den Zugriff auf die Koordinaten zur Verfügung. Die `set`-Methoden sollten Parameter mit dem Wert kleiner 0 verwerfen und somit die Datenintegrität des Objekts sicherstellen. Unser Koordinatensystem beginnt links oben bei (0/0), nach rechts wächst die x-Achse, nach unten wächst die y-Achse. Negative Werte für x oder y sind also unsinnig.

Implementieren Sie ruhig einmal diese erweiterte `Rechteck`-Klasse. Ich spare mir hier ein entsprechendes Code-Listing – Sie schaffen das schon. Ich gebe Ihnen nur einen kleinen Tipp: Der Konstruktor ist grundsätzlich für die Initialisierung *aller* Attribute zuständig. Da wir nun zwei neue Attribute haben, sollte unser Konstruktor die beiden zusätzlichen Parameter `x` und `y` erhalten und damit die Position des betreffenden Rechtecks initialisieren.

Und nun bauen wir das Ganze aus! Wir benötigen eine Klasse `Kreis`! Sie soll der Klasse `Rechteck` sehr ähnlich sein – im Prinzip die gleichen Methoden haben –, nur dass die Größe eines Kreises nicht mittels `breite` und `hoehe`, sondern mittels `radius` bestimmt wird.

Hier ist mein Vorschlag für eine entsprechende Implementierung:

```
public class Kreis {

    private int xPos;
    private int yPos;
    private int radius;

    public Kreis(int x, int y, int radius) {
        setX(x);
        setY(y);
        setRadius(radius);
    }

    public void setX(int x) {
        if (x >= 0) xPos = x;
    }

    public int getX() {
        return xPos;
    }

    public void setY(int y) {
        if (y >= 0) yPos = y;
    }

    public int getY() {
        return yPos;
    }

    public void setRadius(int radius) {
        if (radius > 0) this.radius = radius;
    }

    public int getRadius() {
        return radius;
    }

    public void paint() {
        System.out.println("/---\\");
        System.out.println("|    |");
        System.out.println("\\---/");
    }
}
```

Escape-Sequenzen

Sollten Sie obige `paint()`-Methode merkwürdig finden, lesen Sie hier bitte weiter:

Die drei Anweisungen:

```
System.out.println("/---\\");
System.out.println("|   |");
System.out.println("\\---/");
```

führen auf der Konsole zu folgender Ausgabe:

```
/---\
|   |
\---/
```

Insbesondere ist darauf zu achten, dass durch die Eingabe von „\\" in `println()` ein einzelner „\" ausgegeben wird. Dabei handelt es sich um eine sogenannte *Escape-Sequenz*. Mit Escape-Sequenzen können Sie beliebige Sonderzeichen in Strings darstellen. Die am häufigsten verwendeten Escape-Sequenzen sind in der folgenden Tabelle aufgelistet:

\n	Zeilenumbruch
\t	Tabulator
\"	" (Anführungszeichen)
\'	' (Hochkomma)
\\	\ (Backslash)

Escape-Sequenzen werden grundsätzlich mit einem „\" (Backslash) eingeleitet. Aus diesem Grund wird für den Backslash selbst auch eine Escape-Sequenz benötigt.

Vergleichen Sie einmal Ihre neue Rechteckklasse mit Ihrer Kreisklasse. Die beiden Klassen sind sich wirklich sehr ähnlich, fast schon zu ähnlich. Betrachten wir beide einmal in der folgenden Gegenüberstellung:

```
public class Rechteck {                 public class Kreis {

private int xPos;                       private int xPos;
private int yPos;                       private int yPos;
private int breite;                     private int radius;
private int hoehe;

public Rechteck(int x, int y,           public Kreis(int x, int y,
         int breite, int hoehe) {                int radius) {

   setX(x);                                setX(x);
   setY(y);                                setY(y);
   setBreite(breite);                      setRadius(radius);
   setHoehe(hoehe);                     }
}

public void setX(int x) {               public void setX(int x) {
   if (x >= 0) xPos = x;                   if (x >= 0) xPos = x;
}                                       }

public int getX() {                     public int getX() {
   return xPos;                            return xPos;
}                                       }

public void setY(int y) {               public void setY(int y) {
   if (y >= 0) yPos = y;                   if (y >= 0) yPos = y;
}                                       }

public int getY() {                     public int getY() {
   return yPos;                            return yPos;
}                                       }

public void setBreite(                  public void setRadius(
             int breite) {                          int radius) {
   if (breite > 0)                         if (radius > 0)
      this.breite = breite;                   this.radius = radius;
}                                       }

public int getBreite() {                public int getRadius() {
   return breite;                          return radius;
}                                       }

public void setHoehe(
            int hoehe) {
   if (hoehe > 0)
      this.hoehe = hoehe;
}

public int getHoehe() {
   return hoehe;
}

public void paint() {                   public void paint() {
   System.out.println("------");          System.out.println("/---\\");
   System.out.println("|    |");          System.out.println("|    |");
   System.out.println("------");          System.out.println("\\---/");
}                                       }
}                                       }
```

Alle markierten Codeabschnitte sind in beiden Klassen identisch. Hauptsächlich betroffen sind die beiden Attribute xPos und yPos und ihre set- und get-Methoden. Außerdem fällt auf, dass beide Klassen jeweils eine Methode paint() besitzen, allerdings mit unterschiedlicher Implementierung.

Unser Quellcode weist also eine hohe *Redundanz* auf. Redundanz bedeutet mehrfach vorhandene Informationen, und das ist schlecht!

Merksatz: Redundanz ist böse!

Das Problem besteht darin, dass bei Änderungen von Codeabschnitten, die mehrfach vorhanden bzw. redundant sind, in der Regel darauf geachtet werden muss, dass diese immer synchronisiert sind. Stellt man beispielsweise in der Klasse Rechteck fest, dass die x-Position nicht bei 0, sondern erst bei 1 beginnen sollte, würde man diese Funktion

```
public void setX(int x) {
    if (x >= 0) xPos = x;
}
```

in folgende Version ändern:

```
public void setX(int x) {
    if (x > 0) xPos = x;
}
```

Anstelle von „>=" prüfe ich jetzt mit „>". Da sich eine gleichwertige Methode in der Klasse Kreis befindet, müssen wir auch diese entsprechend ändern. Wir müssen die redundanten Daten also synchron halten. Dass die Synchronisation schnell einmal vergessen oder übersehen werden kann, ist sicherlich leicht nachvollziehbar. Daher sollte man Redundanz vermeiden. Es gibt noch einen weiteren Grund, der gegen redundanten Code spricht: Speichert man mehrfach bedeutungsgleichen Code, wird der gesamte Codeumfang aufgebläht. Der Programmierer muss also mehr Code überblicken und das macht es dem Entwickler nicht gerade einfacher.

Tatsächlich spricht *für* Redundanz in der Softwareentwicklung nur sehr wenig. So kann sie z. B. zum Erreichen einer besseren Performance verwendet werden. Man kann Redundanz zu diesem Zweck bewusst (!) einsetzen, sollte damit aber vorsichtig umgehen und bei Änderungen auf die Synchronisation achten, um so die Gesamtkonsistenz des Programms zu wahren. Idealerweise verwendet man dafür Codegeneratoren.

In unserem Fall bietet die OOP eine gute Lösung, um Redundanzen zu vermeiden: die sog. *Vererbung*. Wir können aus den gemeinsamen Informationen eine *Oberklasse* bilden und unsere Klassen `Kreis` und `Rechteck` davon *ableiten*. `Kreis` und `Rechteck` sind in diesem Zusammenhang *Unterklassen*. Nennen wir unsere gemeinsame Oberklasse `Flaeche`, da es sich bei Rechtecken und Kreisen ja um Flächen handelt (*Fläche* ist aus mathematischer Sicht eigentlich der falsche Begriff, aus didaktischer hingegen ist er hier geradezu prädestiniert).

Wir bilden also eine Hierarchie von Klassen, wie es das nachfolgende UML-Klassendiagramm zeigt:

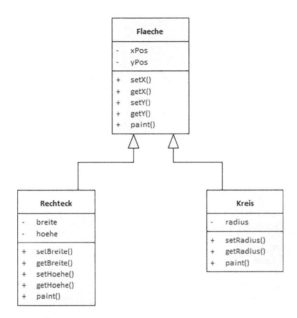

Die Klasse `Flaeche` beinhaltet die Attribute `xPos` und `yPos` und die entsprechenden Methoden darauf, die Klasse `Rechteck` besitzt `breite` und `hoehe` und `Kreis` das Attribut `radius`.

Übrigens: Betrachtet man die Hierarchie von unten nach oben (bottom-up) so spricht man von einer *Generalisierung*; die Klassen werden von unten nach oben also allgemeiner. Bei der Betrachtung von oben nach unten (top-down) spricht man von *Spezialisierung*; die Klassen werden von oben nach unten spezieller.

Jetzt können wir einen Blick auf die neue Implementierung unserer Klassen werfen:

```java
public class Flaeche {

    private int xPos;
    private int yPos;

    public Flaeche(int x, int y) {
        setX(x);
        setY(y);
    }

    public void setX(int x) {
        if (x >= 0) xPos = x;
    }

    public int getX() {
        return xPos;
    }

    public void setY(int y) {
        if (y >= 0) yPos = y;
    }

    public int getY() {
        return yPos;
    }

    public void paint() {
        System.out.println("XXX");
    }
}
```

```java
public class Rechteck
 extends Flaeche {

private int breite;
private int hoehe;

public Rechteck(int x, int y,
        int breite, int hoehe) {

    super(x, y);
    setBreite(breite);
    setHoehe(hoehe);
}

public void setBreite(
            int breite) {
    if (breite > 0)
        this.breite = breite;
}
```

```java
public class Kreis
 extends Flaeche {

private int radius;

public Kreis(int x, int y,
            int radius) {

    super(x, y);
    setRadius(radius);
}

public void setRadius(
            int radius) {
    if (radius > 0)
        this.radius = radius;
}
```

```
public int getBreite() {              public int getRadius() {
    return breite;                        return radius;
}                                     }

public void setHoehe(
           int hoehe) {
   if (hoehe > 0)
       this.hoehe = hoehe;
}

public int getHoehe() {
    return hoehe;
}

public void paint() {                 public void paint() {
    System.out.println("------");         System.out.println("/---\\");
    System.out.println("|    |");         System.out.println("|    |");
    System.out.println("------");         System.out.println("\\---/");
}                                     }
}                                     }
```

Was hat sich geändert? Zunächst einmal gibt es jetzt, wie wir bereits festgestellt hatten, eine dritte Klasse Flaeche. Diese Klasse beinhaltet sämtliche Gemeinsamkeiten aus Rechteck und Kreis, d. h., xPos, yPos und die zugehörigen Methoden. Rechteck und Kreis erben Attribute und Methoden von Flaeche. Man könnte auch sagen: Rechteck und Kreis *erweitern* die Klasse Flaeche. Diese Sichtweise entspricht am ehesten der Java-Terminologie. Um die Klasse Flaeche als sog. Oberklasse von Rechteck und Kreis zu deklarieren, geben wir in diesen Klassen nach der Definition des Klassennamens die Zeichenfolge Flaeche an (in der Klasse fett hervorgehoben). Wir erweitern also die Klasse Flaeche mit zusätzlichen Attributen und Methoden.

Versuchen wir z. B. ein Objekt des Typs Rechteck anzulegen, etwa wie folgt:

```
Rechteck r = new Rechteck(10, 10, 50, 80);
```

wird mit dieser Anweisung nicht nur der Konstruktor der Klasse Rechteck aufgerufen, sondern auch der Konstruktor der Oberklasse Flaeche. Man adressiert den Konstruktor der Oberklasse mit dem Java-Schlüsselwort (in der Klasse fett hervorgehoben) und übergibt die entsprechenden Parameter. Der Java-Compiler erzwingt, dass das Schlüsselwort super ausschließlich als erste Anweisung in einem Konstruktor erlaubt ist. Folglich wird zuerst der Konstruktor der Oberklasse abgearbeitet und dann erst derjenige der Unterklasse.

Die Konstruktoren werden der Vererbungshierarchie entlang also *von oben nach unten* aufgerufen. Dies ist sinnvoll, da eine Unterklasse ihre Oberklasse kennt, letztere aber nicht ihre Unterklasse. In der Unterklasse wird die Oberklasse mittels extends angegeben. In der Oberklasse wird *keine* Unterklasse spezifiziert. Zudem wäre dies auch nicht eindeutig, da beliebig viele Klassen eine gemeinsame Oberklasse besitzen können. Demzufolge können von der Unterklasse aus Methoden der Oberklasse aufgerufen werden, von der Oberklasse aus können aber keine Methoden konkreter Unterklassen aufgerufen werden. Und das ist der Punkt: Konstruktoren dienen der Initialisierung der Attribute in der entsprechenden Klasse. Methoden der Unterklasse können gezielt Methoden der Oberklasse aufrufen. Daher muss der Konstruktor der Oberklasse beim Anlegen eines Objekts *vor* dem Konstruktor der Unterklasse aufgerufen werden, da andernfalls die Unterklasse auf (noch) nicht initialisierte Attribute der Oberklasse zugreifen könnte.

Mehrfachvererbung ist in Java nicht zulässig. Eine Klasse kann in Java nur von einer Oberklasse erben. Unsere Klasse `Rechteck` kann also neben der Oberklasse `Flaeche` keine weitere Oberklasse besitzen. Dadurch wird unser Schlüsselwort `super` erst eindeutig. Mit `super` ist immer die *eine* Oberklasse gemeint, von der wir erben. Und: Klassen erben quasi *immer* von einer Oberklasse! Selbst wenn in der Klassendeklaration explizit keine Oberklasse angegeben ist, existiert eine solche dennoch. In diesem Fall erben unsere Klassen nämlich von der Klasse . Alle Klassen erben direkt oder indirekt von `Object`, mit Ausnahme der Klasse `Object` selbst natürlich. Die Oberklasse von `Flaeche` ist also `Object`. Hier der Beweis: Rufen Sie einmal die Methode `toString()` unseres Rechtecks `r` auf. Diese Methode gibt einen String zurück. Geben Sie diesen auf der Konsole aus:

```
System.out.println(r.toString());
```

Auf der Konsole erscheint diese Zeichenfolge:

```
Rechteck@82ba41
```

wobei die Zahl hinter dem @-Zeichen bei Ihnen sehr wahrscheinlich anders lautet, da sie die Adresse ist, unter der unser Rechteck `r` im Arbeitsspeicher zu finden ist. `toString()` gibt also den Klassennamen, ein @-Zeichen und die Speicheradresse zurück.

Sie wenden nun vielleicht ein: *Wir haben aber doch in unserer Klasse* `Rechteck` *keine* `toString()`*-Methode definiert, ebensowenig wie in der Oberklasse* `Flaeche`, *von der wir erben!* Das ist zwar richtig, da aber bei `Flaeche` keine Oberklasse angegeben ist, erbt sie von `Object`, und wenn Sie in der Java-Dokumentation unter der Klasse `Object` einmal nachschauen, werden Sie dort die Methode `toString()` finden. `Flaeche` erbt von `Object` und `Rechteck` erbt von `Flaeche`. Somit verfügt eine Instanz von `Rechteck` über eine `toString()`-Methode. Beachten Sie, dass es sich dabei nicht um Mehrfachvererbung handelt, auch wenn hier zweimal etwas geerbt wird. Mehrfachvererbung gibt es in Java nicht! Betrachten Sie es vielmehr so, dass `Flaeche` zunächst von `Object` erbt und anschließend `Rechteck` von `Flaeche`, wobei `Flaeche` das Geerbte von `Object` bereits impliziert. Mehrfachvererbung läge hingegen vor, wenn `Rechteck` direkt mehr als eine Oberklasse besitzen würde.

Nun könnten Sie sich folgende Frage stellen: *Wenn die Oberklasse von* `Flaeche` *tatsächlich* `Object` *ist, warum referenzieren wir dann nicht in der Klasse* `Flaeche` *den Konstruktor von* `Object` *mittels* `super`, *analog zu dem* `Rechteck`*-Konstruktor?*

Der Umstand, dass wir in `Flaeche` nicht `super` schreiben, bedeutet nicht, dass der Konstruktor der Oberklasse `Object` nicht aufgerufen wird. Vielmehr wird der Standardkonstruktor (Konstruktor ohne Parameter) durch das Weglassen von `super` aufgerufen. `Object` besitzt einen solchen Standardkonstruktor. Gibt es in der Oberklasse keinen Standardkonstruktor und vergisst man das `super`, gibt der Java-Compiler eine Fehlermeldung. Lassen Sie in `Rechteck` oder `Kreis` testweise die `super`-Anweisung weg, und der Compiler wird nicht übersetzen, da Flaeche eben keinen Standardkonstruktor definiert.

Da wir gerade beim Thema standardmäßiges Verhalten sind, möchte ich in diesem Zusammenhang noch Eines anfügen: Sollten Sie in einer Klasse überhaupt keinen Konstruktor definieren, wird immer ein Standardkonstruktor festgelegt. Eine Klasse ohne Konstruktor gibt es demnach nicht, auch wenn es entsprechend dem Quellcode manchmal so scheinen mag. Es ist auch nicht sinnvoll, eine Klasse ohne Konstruktor zu haben, da ein Objekt erst mit dem Aufruf des Konstruktors angelegt werden kann. Also: Kein Konstruktor, keine Objekte. Ohne Konstruktor wäre der Zweck einer Klassendeklaration an sich (Kant) ad absurdum geführt, was wir doch alle nicht wollen, insbesondere nicht unser Java-Compiler.

Typumwandlung

Bei der Typumwandlung wird die Variable eines Typs in die eines anderen Typs konvertiert. In Java ist allerdings keine beliebige Typumwandlung möglich, sondern Quell- und Zieltyp müssen zueinander kompatibel sein.

Der Begriff *Typumwandlung* wird allerdings von Programmierprofis eher selten verwendet, die vielmehr vom sog. *casten* sprechen. Dieser Begriff ist weder deutsch noch englisch – klingt aber gut. Er setzt sich zusammen aus dem englischen Begriff *cast – to cast s. o. (jemanden eine Rolle geben)* und der deutschen Wortendung *en*.

Hier zunächst zwei Beispiele, bevor wir zur Theorie kommen:

```
int i = 5;
short s = i;        // Compilerfehler!
```

Wir haben hier eine `int`-Variable `i` und eine `short`-Variable `s`. Der Datentyp `int` bietet vier Byte Speicherplatz, der Datentyp `short` bietet zwei Byte Speicherplatz. Wir versuchen, `i` der Variablen `s` zuzuweisen. Davon allerdings hält uns der Compiler mit einer Fehlermeldung ab. Warum? In `i` könnte eine Zahl stehen, die in `s` keinen Platz findet und dann abgeschnitten werden müsste.

Nun wissen wir in diesem Fall als Programmierer aber, dass in `i` der Wert 5 steht und dass für eine 5 auch ein kleiner kurzer `short` mehr als genug Platz zur Verfügung stellt. Wir können daher dem Compiler die ganze Verantwortung abnehmen und eine Typumwandlung von `int` nach `short` erzwingen, und zwar mittels eines sog. *Cast-Operators*:

```
int i = 5;
short s = (short)i;  // OK!
```

Jetzt funktioniert es. Der Compiler führt die Typumwandlung durch. Würde nun in `i` eine zu große Zahl für einen `short` stehen, würde der Compiler das `i` allerdings abschneiden, also nur die ersten vier Byte in den `short` übernehmen. Die Verantwortung für den möglicherweise falschen Wert in `s` trägt in diesem Fall der Programmierer.

Das(short) gibt dem Java-Compiler die Anweisung, den nachfolgenden
Ausdruck als Wert des Typs short zu interpretieren.

Betrachten wir nun einmal den folgenden Fall:

```
short s = 5;
int i = s;          // OK!
```

Kein Problem! Der short s findet in int i mühelos Platz. Hier muss
nicht ausdrücklich gecastet werden, da die Typumwandlung völlig sicher ist.

Im Allgemeinen können wir Folgendes feststellen und kommen somit zur
Theorie: Im ersten Beispiel handelt es sich um einen sog. *expliziten Cast*.
Hier wird die Typkonvertierung mittels *Cast-Operator* erzwungen. Explizite
Casts gewähren keine *Typsicherheit,* d. h., der Compiler kann nicht sicher-
stellen, dass das Casten fehlerfrei verläuft. Ein etwaiger Fehler ist von den
Werten abhängig, die gecastet werden sollen.

Im zweiten Beispiel (short -> int) handelt es sich um einen *impliziten
Cast*. Dieser ist typsicher, und daher wird kein Cast-Operator angegeben.

Die nachfolgende Tabelle zeigt was geschieht, wenn Variablen ver-
schiedener elementarer Datentypen einander zugewiesen werden. Es gibt
dabei drei mögliche Ausprägungen: Ein implizites (typsicheres) Casten ist
möglich *(i);* ein expliziter (nicht-typsicherer) Cast ist erlaubt *(e)* – hier ist
ein Cast-Operator notwendig; eine Typumwandlung ist grundsätzlich nicht
gestattet *(x)*. Zu verstehen ist die Tabelle folgendermaßen: Der Typ in der
Spalte wird in den Typ in der Zeile konvertiert.

	byte	short	int	long	float	double	boolean	char
byte		e	e	e	e	e	x	e
short	i		e	e	e	e	x	e
int	i	i		e	e	e	x	i
long	i	i	i		e	e	x	i
float	i	i	i	i		e	x	i
double	i	i	i	i	i		x	i
boolean	x	x	x	x	x	x		x
char	e	e	e	e	e	e	x	

Man beachte in dieser Tabelle insbesondere, dass boolean mit keinem
anderen Typ *kompatibel* ist.

Casten kann man nicht nur zwischen elementaren Datentypen, sondern
auch zwischen abstrakten Datentypen. Die folgenden Beispiele beziehen
sich auf das bereits weiter oben vorgestellte Klassenmodell, bestehend aus
den Klassen Flaeche, Rechteck und Kreis, wobei die beiden letzt-
genannten Klassen von Flaeche abgeleitet sind.

```
Rechteck r1 = new Rechteck(0,0,30,50);
Flaeche f = r1;        // OK!
```

Hier erzeugen wir ein neues `Rechteck` `r1` und weisen es der `Flaeche` `f` zu. Das ist in Ordnung. Eine implizite Typumwandlung von `r1` nach `f` ist möglich.

```
Rechteck r2 = (Rechteck)f;
```

Wir können unsere `Flaeche` `f` wiederum auch einem `Rechteck` `r2` zuweisen, da `f` ja auf ein `Rechteck` zeigt. Hierfür benötigen wir allerdings einen Cast-Operator, da nicht jede `Flaeche` tatsächlich ein `Rechteck` ist – manche `Flaechen` sind z. B. auch `Kreise`. In dieser Situation ist ein expliziter Cast erforderlich.

Generell gilt: Eine Typumwandlung zu einer Oberklasse (auch Up-Cast genannt) ist implizit möglich (z. B. `Rechteck` -> `Flaeche`). Typsicherheit ist gewährleistet, schließlich gilt: Ein `Rechteck` IST EINE `Flaeche`.

Die Umwandlung zu einer Unterklasse (auch Down-Cast genannt) ist explizit möglich (z. B. `Flaeche` -> `Rechteck`). Typsicherheit ist nicht gegeben, da beispielsweise nicht notwendigerweise gilt, dass jede `Flaeche` ein `Rechteck` darstellt.

Was bisher zum Thema *Casten* gesagt wurde, ist wichtig, und Sie sollten damit umgehen können. Um aber ein wirklich guter Programmierer zu werden, benötigen Sie ein tieferes Verständnis dieser Materie, und ich möchte daher noch auf einen weiteren Punkt zum Thema Typumwandlung eingehen, der Ihnen dabei helfen wird.

Zwischen dem Casten elementarer Datentypen und dem Casten abstrakter Datentypen besteht ein markanter Unterschied. Dieser besteht genau genommen darin, dass es sich bei elementaren Datentypen um Wertetypen handelt (Sie erinnern sich: direkte Adressierung!) und bei abstrakten Datentypen um sog. Referenztypen (indirekte Adressierung).

Wie schon des Öfteren müssen wir wieder einmal einen Blick in den Arbeitsspeicher werfen. Es sei folgender Codeschnipsel gegeben:

```
int i = 5;
short s = (short)i;
```

Wir hatten diesen Code schon einmal einige Zeilen weiter oben. So sieht es im Speicher nach der ersten Zeile aus:

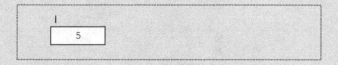

Und hier sehen Sie den relevanten Speicherauszug nach der zweiten Zeile:

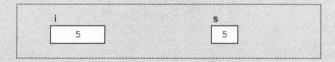

Zur Wiederholung: Der reservierte Speicher von s ist nur halb so groß (2 Byte) wie der von i (4 Byte). Der Wert 5 passt jedoch problemlos sowohl in s als auch in i hinein. Verändern wir jetzt den Wert von i oder s, geschieht dies natürlich jeweils völlig unabhängig voneinander.

Betrachten wir nun einen neuen Codeabschnitt mit der Deklaration von Objekten:

```
Rechteck r1 = new Rechteck(0,0,30,50);
Flaeche f = r1;
Rechteck r2 = (Rechteck)f;
```

Was nach der ersten Zeile im Speicher geschieht, dürfte klar sein. Wir hatten dies bereits weiter oben diskutiert. Mittels new Rechteck wird ein neues Objekt des Typs Rechteck angelegt. r1 selbst ist ein Zeiger, der auf dieses Objekt verweist.

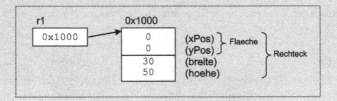

Der Querbalken im Rechteck-Objekt veranschaulicht die Trennung zwischen den Attributen, die in der Klasse Flaeche definiert sind (oben), und denen, die sich in der Klasse Rechteck befinden (unten). Ein Objekt des Typs Flaeche würde lediglich aus der oberen Hälfte bestehen, ein Rechteck wie in unserem Fall besteht aus der Gesamtheit der Attribute aus Flaeche und Rechteck – schließlich erbt ein Rechteck von Flaeche.

Durch die nächsten beiden Zeilen im Code entstehen keine neuen Objekte (hier steht weder ein , noch wird an irgendeiner Stelle ein Konstruktor aufgerufen). Die Änderungen im Arbeitsspeicher führen zu folgendem Abbild:

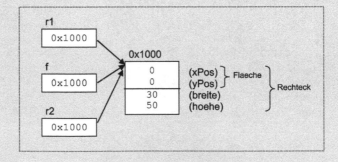

Als Ergebnis erhalten wir drei Zeiger auf ein und dasselbe Objekt; mit dem Unterschied, dass wir mittels `r1` und `r2` Zugriff auf alle Methoden und Attribute der beiden Klassen `Flaeche` und `Rechteck` haben, mit dem f-Zeiger hingegen lediglich Komponenten der `Flaeche`-Klasse sehen. Oder anders ausgedrückt: Für f besteht das Objekt nur aus der oberen Hälfte des Objekts mit den Attributen `xPos` und `yPos`; durch `r1` und `r2` kann das gesamte Objekt manipuliert werden.

Wie eingangs bereits erwähnt, bedeutet *to cast s. o.* wörtlich übersetzt *jemandem eine Rolle geben.* Somit ist der Begriff des Castens bei abstrakten Typen viel treffender als bei elementaren Typen. Bei abstrakten Typen erzeugen wir ein Objekt und casten dieses auf unterschiedliche Typen. Das Objekt zeigt sich mit unterschiedlichen Gesichtern, aber das Originalobjekt bleibt immer das gleiche. Wir legen z. B. ein `Rechteck` an, casten dieses nach `Flaeche` und können es wieder zurückcasten, da ja das eigentliche Objekt ein `Rechteck` geblieben ist.

Bei elementaren Typen hingegen verhält es sich anders. Wenn wir hier casten, schlüpft eine Instanz nicht nur in eine bestimmte Rolle; vielmehr soll eine zweite Instanz geschaffen werden, d. h., es wird versucht, die Daten entsprechend des neuen Typs zu transformieren und das Resultat dieser Transformation in die Zielinstanz zu kopieren. Schließlich entstehen zwei Instanzen, die völlig unabhängig voneinander sind. Wir haben beispielsweise ein `int` mit einer sehr großen Zahl und casten dieses nun in ein `short`, woraufhin die Zahl abgeschnitten und das Überbleibsel in das `short` geschrieben wird. Wollen Sie dieses `short` anschließend wieder in ein `int` zurückcasten, wird die ursprüngliche, sehr große Zahl allerdings nicht wieder entstehen. Stattdessen wird die „abgeschnittene" Zahl einfach in ein `int` geschrieben (unverändert, denn sie hat darin ja Platz genug).

Es handelt sich also beim Casten abstrakter Typen um das Annehmen einer Rolle, wobei die ursprüngliche Identität erhalten bleibt. Das Casten elementarer Typen stellt eher eine unwiderrufbare Transformation dar. Demnach könnte man z. B. Tom Hanks als einen abstrakten Typen bezeichnen, da er schon in viele sehr unterschiedliche Rollen geschlüpft ist. Atze Schröder wäre, um der Analogie zu folgen, ein elementarer Typ, da er einmal eine Rolle angenommen und sie seither nie wieder gewechselt hat.

Kommen wir nun zu einem weiteren wichtigen Thema: der *Polymorphie.* Schauen wir uns dieses hilfreiche Konzept einmal näher an:

Die folgende Zeile

```
Flaeche f = new Rechteck(0, 0, 30, 50);
```

zeigt eine gültige Anweisung. Wir legen ein neues Objekt des Typs `Rechteck` an und merken uns mit `f` eine Referenz auf den allgemeineren `Flaeche`-Teil des Rechtecks. Damit können wir auf sämtliche Methoden und Attribute der Klasse `Flaeche` und der darüber liegenden Klasse `Object` zugreifen, sofern deren Sichtbarkeit (`private`, `protected` etc.) nicht eingeschränkt ist. Auf Methoden, die ausschließlich in der `Rechteck`-Klasse vorhanden sind (z. B. `getHoehe()`) lässt der Compiler keinen Zugriff zu. Die `Flaeche` könnte schließlich irgendeine `Flaeche` sein (z. B. ein `Kreis`), und nicht jede beliebige `Flaeche` hat auch eine `getHoehe()`-Methode.

Was geschieht aber, wenn wir `paint()` aufrufen? Was ist an `paint()` so außergewöhnlich? `paint()` ist in der Klasse `Flaeche` *und* in der Klasse `Rechteck` definiert.

```
f.paint(); // Welche paint() Methode wird aufgerufen?
```

Welche Methodenimplementierung wird hier wohl zum Tragen kommen – die der Klasse `Flaeche` oder die der Klasse `Rechteck`?

⌐ **Alternative 1**

```
public class Flaeche {

    …

    public void paint() {
        System.out.println("XXX");
    }
}
```

⌐ **Alternative 2**

```
public class Rechteck
  extends Flaeche {

    …

    public void paint() {
        System.out.println("------");
        System.out.println("|    |");
        System.out.println("------");
    }
}
```

Am besten probieren Sie es selbst einmal aus.

Richtig ist Alternative 2. Die `paint()`-Methode der Klasse `Rechteck` wird aufgerufen. Das ist allerdings nicht selbstverständlich, da `f` dem Typ `Flaeche` angehört, aber die `paint()`-Methode von `Rechteck` trotzdem ausgeführt wird! Grund für dieses Verhalten ist der Umstand, dass Java *Polymorphie* für Methoden unterstützt, was bedeutet, dass *der Typ des Objekts zur Laufzeit über die aufgerufene Methode entscheidet*.

Für den Compiler gestaltet sich die Sachlage wie folgt: `f` ist als `Flaeche` deklariert. Auf `f` wird `paint()` angewendet. Demnach liegt für den Compiler nichts näher, als auf die Implementierung der `paint()`-Methode in der Klasse `Flaeche` zu verweisen. Der Compiler kann in der Regel gar nicht wissen, dass es sich bei der `Flaeche` `f` in dieser konkreten Situation tatsächlich um ein `Rechteck` handelt. Es ist sogar möglich, dass dieselbe Stelle im Code nochmals abgearbeitet wird und dann auf einen `Kreis` anstatt auf ein `Rechteck` verweist. Es ist nicht nur möglich, sondern auch sehr wahrscheinlich, dass der tatsächliche

Typ variiert; warum sonst sollte man mit einer allgemeinen `Flaeche` hantieren, anstatt direkt mit einer `Rechteck`-Referenz?

Die *Bindung* der Methode `paint()` muss also zur Laufzeit erfolgen. Wir sprechen in diesem Zusammenhang von einer *dynamischen* bzw. *späten Bindung*. Im Gegensatz dazu geschieht eine sog. *statische* oder auch *frühe Methodenbindung* zur Übersetzungszeit.

Der Begriff Polymorphie leitet sich aus dem Griechischen ab und bedeutet *Vielgestaltigkeit*. Unsere `Flaeche` kann eine `Flaeche` selbst oder Teil eines `Rechtecks`, eines `Kreises` oder irgendeines anderen Objekts einer Unterklasse sein. Ein Aufruf einer Methode kann je nach Objekttyp unterschiedliche Implementierungen referenzieren. Damit zeigen sich uns `Flaechen` mit unterschiedlichem Verhalten. Sie stellen sich quasi in unterschiedlichen Gestalten dar.

In Java wird Polymorphie, wie bereits angemerkt, grundsätzlich unterstützt. Man benötigt dafür keine speziellen Schlüsselwörter. Eine gezielte Deaktivierung der späten Bindung ist daher nicht möglich und in den allermeisten Fällen auch nicht wünschenswert. C++ und C# nehmen standardmäßig eine frühe Bindung an. Späte Bindung wird aktiviert, indem dem betreffenden Methodenkopf das Schlüsselwort `virtual` angefügt wird.

Typischerweise wird Polymorphie mittels sog. *Virtueller Methodentabellen* realisiert. Wie das funktioniert, sehen Sie im folgenden Exkurs.

Virtuelle Methodentabellen (VMT)

Es ist keinesfalls selbstverständlich, dass Polymorphie funktioniert. Noch einmal das Beispielszenario: Wir haben eine `Flaeche` `f` und wenden `paint()` auf `f` an, d. h., im Sourcecode steht `f.paint()`. Das Nächstliegende wäre, dass der Compiler diesen Aufruf fest mit der Implementierung der `paint()`-Methode in der Klasse `Flaeche` verdrahtet. Wir wollen, bzw. Java bietet uns an, dass diejenige `paint()`-Methode aufgerufen wird, auf deren Objekttyp wir verweisen. Zeigt also `f` z. B. tatsächlich auf ein `Rechteck`, soll die `paint()`-Methode des Rechtecks aufgerufen werden usw.

Unser Java-Compiler kann diese Aufgabe nicht lösen. Stattdessen wird die Methode zur Laufzeit abhängig vom Objekttyp gebunden. Zu diesem Zweck werden *Virtuelle Methodentabellen* benötigt.

Im Arbeitsspeicher befindet sich zur Laufzeit für jede Klasse eine Virtuelle Methodentabelle.

Im Folgenden sehen Sie die VMTs[2] der Klassen `Flaeche` und `Rechteck`:

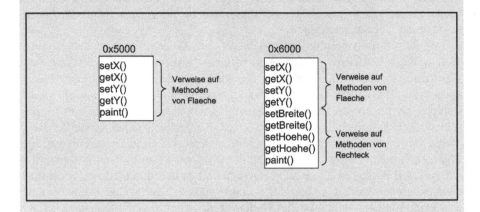

In den virtuellen Methodentabellen befinden sich die Einsprungadressen zu den jeweiligen Methodenimplementierungen. Beachten Sie, dass die Adresse zu der `paint()`-Methode in der VMT der Klasse `Rechteck` auf die überschriebene `paint()`-Methode in der Klasse `Rechteck` verweist und nicht auf die geerbte `paint()`-Methode der Klasse `Flaeche`.

Bitte beachten Sie auch Folgendes: Jedes Objekt enthält einen zusätzlichen Zeiger auf die VMT der entsprechenden Klasse. Dieser Zeiger, der bisher nicht erwähnt wurde, weil er irrelevant war, spielt nun eine entscheidende Rolle. Legen wir ein `Rechteck` an, etwa wie folgt:

```
Rechteck r1 = new Rechteck(0,0,60,50);
```

sieht die `Rechteck`-Instanz in etwa folgendermaßen aus:

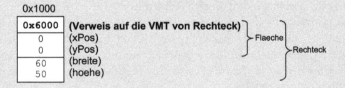

---

[2]Die VMTs sind nicht vollständig. Sie dienen lediglich der Veranschaulichung. Beispielsweise fehlen die geerbten Methoden von Object sowie der Ober-klassenzeiger super.

0×6000 ist die Adresse der VMT von `Rechteck`. Rufen wir nun `paint()` auf, wird die `paint()`-Methode in der Klasse `Rechteck` ausgeführt, wie erwartet. Casten wir nun aber `r1` auf `Flaeche`, so wie hier gezeigt

```
Flaeche f = r1;
```

führt dies dazu, dass wir von unserem Rechteck-Objekt nur noch die ersten drei Einträge sehen: den Verweis auf die VMT und die Attribute von `Flaeche`, nämlich `xPos` und `yPos`. Führen wir die Anweisung

```
f.paint();
```

aus, wird über das Objekt auf die VMT von `Rechteck` verwiesen, und wir rufen die `paint()`-Methode von `Rechteck` auf – nicht die `paint()`-Methode von `Flaeche`.

Ich möchte nochmals darauf hinweisen, dass es sich hierbei um eine sog. späte Bindung handelt. Zur Laufzeit wird entschieden, welche Methode ausgeführt wird. Würde unser Compiler die Methodenbindung vornehmen, würde also eine frühe Bindung erfolgen, würde er sehen, dass `f` als `Flaeche` deklariert ist und daher die `paint()`-Methode der Klasse `Flaeche` an dieser Stelle ausgeführt werden muss.

So vorteilhaft die späte Bindung auch sein mag, birgt sie dennoch auch – im Wesentlichen zwei – Nachteile. Zum einen bewirkt die späte Bindung durch die indirekte Adressierung der Methoden, dass unser Programm langsamer wird. Zum anderen ist mehr Speicherplatz erforderlich, da wir für jedes Objekt einen VMT-Zeiger benötigen. (Zumindest der letztgenannte Punkt ist allerdings eigentlich irrelevant, da uns der Speicherplatz nichts oder zumindest fast nichts kostet.)

Ich möchte in diesem Abschnitt gerne noch eine offizielle Begriffsdefinition anfügen, die ich weiter vorne in einem Nebensatz bereits kurz erwähnt hatte. Es handelt sich um den Begriff *Überschreiben*. Im Exkurs zu der VMT ist bereits angesprochen worden, dass die `paint()`-Methode von Rechteck die `paint()`-Methode von `Flaeche` *überschreibt*.

Generell gilt: Wird in einer Unterklasse eine Methode der entsprechenden Oberklasse wiederholt definiert, *überschreibt* die Methode der Unterklasse die Methode der Oberklasse.

3.4   Weitere objektorientierte Konzepte in Java

3.4.1   Abstrakte Methoden und abstrakte Klassen

Im Grunde genommen ist es doch eigentlich recht unsinnig, eine Instanz des
Typs Flaeche zu erzeugen. Was soll denn das überhaupt sein? Natürlich gibt es
Rechtecke, und es gibt Kreise; aber ein allgemeines Flaeche-Objekt zu haben,
ist wenig hilfreich.

```
public abstract class Flaeche {

    private int xPos;
    private int yPos;

    public Flaeche(int x, int y) {
        setX(x);
        setY(y);
    }

    public void setX(int x) {
        if (x >= 0) xPos = x;
    }

    public int getX() {
        return xPos;
    }

    public void setY(int y) {
        if (y >= 0) yPos = y;
    }

    public int getY() {
        return yPos;
    }

    public abstract void paint();
}
```

Viel geändert haben wir nun zwar nicht, strukturell hat sich unsere Klasse
aber deutlich verbessert. Neu ist, dass unsere Klasse mit dem Java-Schlüsselwort
abstract gekennzeichnet wurde. Zudem wurde die paint()-Methode ebenfalls als abstract qualifiziert, und die Implementierung von paint() wurde
weggelassen. Übrig geblieben ist lediglich der Methodenkopf.

Eine Klasse, die als abstract ausgewiesen ist, ist nicht instanziierbar. Es
kann also kein Objekt von einer solchen Klasse erzeugt werden. Somit haben wir
genau das erreicht, was wir wollten! Konkrete Flaeche-Objekte sind unsinnig.

Stattdessen dient diese Klasse dazu, als Oberklasse zu fungieren und dabei u. A. ihre Attribute und Methoden an abgeleitete Klassen bzw. Unterklassen zu vererben.

Darüber hinaus können abstrakte Klassen abstrakte Methoden, wie unsere neue `paint()`-Methode, deklarieren. Abstrakte Methoden haben keine Implementierung. Die Ausgabe von „XXX" in `paint()` von `Flaeche` war ja ohnehin unpassend. Durch die Existenz einer abstrakten Methode werden Unterklassen gezwungen, einen entsprechenden Methodenrumpf bereitzustellen. Unsere beiden Unterklassen `Rechteck` und `Kreis` erfüllen diese Vorgabe. Beide definieren eine Methode `paint()`. Andernfalls würde der Compiler eine Fehlermeldung auswerfen.

Dies ist aber nicht der einzige Grund dafür, warum wir überhaupt eine abstrakte `paint()`-Methode deklarieren. (Als disziplinierte Softwareentwickler hätten wir ohnehin nicht vergessen, in der Klasse `Rechteck` und der Klasse `Kreis` eine `paint()`-Methode zu deklarieren.) Die Deklaration erlaubt uns, die `paint()`-Methode auf eine(n) `Flaeche` (-Verweis) anzuwenden. Dank der Polymorphie wird dadurch die `paint()`-Methode der jeweiligen Unterklasse aufgerufen.

Zu guter Letzt bleibt noch festzustellen, dass Java die Deklaration abstrakter Methoden natürlich nur in abstrakten Klassen erlaubt.

3.4.2   Innere Klassen

Nachdem wir nun eine `Rechteck`-Klasse, eine `Kreis`-Klasse und dazu noch eine abstrakte Klasse `Flaeche` definiert haben, wollen wir diese endlich auch praktisch nutzen: Wir wollen Rechtecke und Kreise zeichnen, und das nicht nur, indem wir mit Hilfe von `System.out.println()` primitive Zeichnungen von Rechtecken oder Kreisen auf der Konsole ausgeben. Vielmehr wollen wir jetzt ein richtiges grafisches Fenster erzeugen und dort geometrische Objekte maßstabsgetreu darstellen.

Was wir nun grundsätzlich benötigen, ist eine `main()`-Methode als Einsprungspunkt für unsere Anwendung, da wir eine richtige funktionierende Anwendung erstellen und nicht nur einzelne Klassen modellieren wollen. Zusätzlich ist ein Objekt erforderlich, das unser Fenster definiert.

Nachfolgend sehen Sie gleich die vollständige Implementierung, die uns noch fehlt. Bitte nicht erschrecken, wir klären noch alle Punkte im Detail. Verschaffen Sie sich zuerst einmal einen Überblick:

```
public class Zeichenprogramm extends Frame {    // 1

    private Flaeche flaeche;                      // 2

    class MyCanvas extends Canvas {               // 3
        public void paint(Graphics g) {
            if (flaeche != null) flaeche.paint(g);
        }
    }

    class MyWindowAdapter extends WindowAdapter{// 4
        public void windowClosing(WindowEvent e) {
            System.exit(0);
        }
    }

    public Zeichenprogramm() {                    // 5
        setSize(360,320);
        add(new MyCanvas());
        addWindowListener(new MyWindowAdapter());
        setVisible(true);
    }

    public void setFlaeche(Flaeche flaeche) {    // 6
        this.flaeche = flaeche;
    }

    public static void main(String[] args) {     // 7

        Zeichenprogramm z = new Zeichenprogramm();
        Kreis k = new Kreis(60, 60, 40);
        z.setFlaeche(k);
    }
}
```

Wenn Sie bis jetzt alles wie vorgestellt implementiert haben, also die Klassen Rechteck, Kreis, Flaeche und Zeichenprogramm, und nun versuchen, die entsprechende Anwendung zu übersetzen, werden Sie zunächst einmal feststellen, dass es nicht funktioniert und der Java-Compiler Fehlermeldungen ausgibt.

Zwei Anpassungen sind erforderlich: Die Klasse Zeichenprogramm verwendet eine Reihe von Klassen, die wir nicht selbst programmiert haben. Im Einzelnen betroffen sind die Klassen: Canvas, Color, Frame, Graphics, WindowAdapter und WindowEvent. Alle diese Klassen benötigen wir, um unsere grafische Oberfläche zu realisieren. Sie werden von der Java-Klassenbibliothek zur Verfügung gestellt. Diese Klassen sind in Packages organisiert. Daraus folgt: Wollen wir diese Klassen verwenden, sprechen wir sie entweder mit ihrem vollqualifizierten Namen an (also *Packagename.Klassenname*) oder geben sie per import-Anweisung bekannt, wodurch sie lediglich mit dem Klassennamen adressiert werden können. Unser erstes Problem kann mithilfe folgender -Anweisungen gelöst werden:

```
import java.awt.Canvas;
import java.awt.Color;
import java.awt.Frame;
import java.awt.Graphics;
import java.awt.event.WindowAdapter;
import java.awt.event.WindowEvent;
```

Falls Sie für die Java-Programmierung eine moderne Entwicklungsumgebung wie z. B. *Eclipse* verwenden, müssen Sie diese `import`-Anweisungen normalerweise nicht über die Tastatur eingeben, sondern können sie generieren lassen. In *Eclipse* ist dies mittels des Tastenkürzels *Strg+Shift+O* oder im Menü unter *Source/ Organize Imports* möglich.

Das zweite Problem tritt in der in `Zeichenprogramm` definierten (inneren) Klasse `MyCanvas` auf. Hier wird in der `paint()`-Methode versucht, `flaeche.paint(g)` aufzurufen. Dies ist aber nicht möglich, da unsere `paint()`-Methode in `Flaeche` keinen Parameter des Typs `Graphics` akzeptiert. Das müssen wir noch ändern.

`Graphics` ist eine vorgefertigte Klasse, mit der man Rechtecke, Kreise etc. zeichnen kann – genau das, was wir wollen!

Rüsten wir also unsere `paint()`-Methoden entsprechend um:

```
public abstract class Flaeche {

    ...

    public abstract void paint(Graphics g);
}
```

Jetzt akzeptiert die `paint()`-Methode in `Flaeche` einen `Graphics`-Parameter. Super! Lassen wir nun aber den Compiler nochmals laufen, werden wir auf zwei neue Fehler hingewiesen. Unsere Klassen `Kreis` und `Rechteck` sind Unterklassen von `Flaeche`. Deshalb sind sie gezwungen, Implementierungen aller abstrakten Methoden von `Flaeche` zu liefern. Das tun sie aber momentan nicht. Noch haben sie keine `paint()`-Methode, die einen `Graphics`-Parameter akzeptiert. Wir müssen also zusätzlich unsere beiden `paint()`-Methoden in `Kreis` und `Rechteck` umrüsten, wie nachfolgend dargestellt:

Hier die Klasse `Kreis`:

```
public class Kreis extends Flaeche {
    ...

    public void paint(Graphics g) {
        g.drawOval(getX(),getY(),radius*2,radius*2);
    }
}
```

Und hier die Klasse `Rechteck`:

```
public class Rechteck extends Flaeche {

    ...
    public void paint(Graphics g) {
        g.drawRect(getX(), getY(), breite, hoehe);
    }
}
```

Die Implementierungen der beiden `paint()`-Methoden haben sich entsprechend geändert. In `Kreis` benutzen wir die Methode `drawOval()`, um einen Kreis zu zeichnen und in `Rechteck` verwenden wir analog dazu `drawRect()`.

Somit haben wir alle erforderlichen Änderungen vorgenommen, damit unsere Anwendung funktioniert. Starten wir unser Zeichenprogramm erneut, erhalten wir folgende Ausgabe:

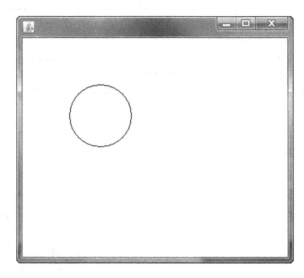

Betrachten wir nun die Klasse `Zeichenprogramm` im Detail. Sie ist abgeleitet von `Frame` (1). Durch die Ableitung von `Frame` ist eine Instanz von `Zeichenprogramm` ein Fenster. `Zeichenprogramm` selbst besitzt lediglich ein Attribut `flaeche` (2). Mithilfe der Methode `setFlaeche()` (6) kann dieses Attribut von außen gesetzt werden. Das `Flaeche`-Objekt, welches hier gesetzt wird, wird letztendlich in unserem Fenster auch gezeichnet.

Bei den Punkten (3) und (4) werden die Klassen `MyCanvas` und `MyWindowAdapter` definiert, und zwar innerhalb unserer Klasse `Zeichenprogramm`. Damit wären wir auch schon bei dem eigentlichen Thema dieses Abschnitts. Diese beiden Klassen sind sog. *Innere Klassen*. Innere Klassen können auf die `private`-Attribute und -Methoden der umliegenden äußeren Klasse zugreifen.

`MyCanvas` (3) ist abgeleitet von der Klasse `Canvas`, welche uns im Prinzip eine Zeichenfläche bietet. In `MyCanvas` überschreiben wir die `paint()`-Methode von `Canvas`. Die `paint()`-Methode wird aufgerufen, wann immer unser GUI-System es für erforderlich hält, den Inhalt der Zeichenfläche neu zu zeichnen. Wir delegieren im Falle des Falles an die `paint()`-Methode unserer `Flaeche`-Klasse. Wie Sie sehen, greifen wir hier auf das `private`-Attribut der äußeren Klasse `Zeichenprogramm` zu. Wie bereits angemerkt, ist dies für eine innere Klasse kein Problem.

MyWindowAdapter (4) leitet sich ab von WindowAdapter. Durch das Überschreiben der windowClosing()-Methode wird die Anwendung durch Klicken auf das X rechts oben im Fenster mittels System.exit(0) beendet. Würden wir dies nicht tun, würde das Programm keine Reaktion auf das Klicken des Schließen-Buttons (X) zeigen.

Der Konstruktor der Klasse Zeichenprogramm (5) richtet das Anwendungsfenster ein. Zunächst definieren wir die Größe mit einer Breite von 360 und einer Höhe von 320 Pixel, erzeugen dann unser Canvas und fügen es als Komponente in unserem Fenster ein. Anschließend definieren wir einen WindowListener, der bewirkt, dass die Anwendung auf den Schließen-Button reagiert, und zu guter Letzt machen wir mit setVisible(true) unser Fenster sichtbar. Andernfalls wäre es zwar definiert, würde aber nicht angezeigt werden.

Innerhalb der Klasse Zeichenprogramm ist ebenfalls eine main()-Funktion definiert (7). Hier beginnt unser Programmablauf. Ein Zeichenprogramm wird instanziiert, wir definieren einen Kreis   k und setzen diesen als Flaeche, die wir in Zeichenprogramm anzeigen wollen.

Wir können die Klasse Zeichenprogramm nun noch abändern wie folgt:

```java
public class Zeichenprogramm extends Frame {

    private Flaeche flaeche;

    public Zeichenprogramm() {

        setSize(360,320);

        add(new Canvas() {
            public void paint(Graphics g) {
                // jetzt wird der Kreis rot!
                g.setColor(Color.RED);
                if (flaeche != null) flaeche.paint(g);
            }
        });

        addWindowListener(new WindowAdapter() {
            public void windowClosing(WindowEvent e) {
                System.exit(0);
            }
        });

        setVisible(true);
    }

    public void setFlaeche(Flaeche flaeche) {
        this.flaeche = flaeche;
    }

    public static void main(String[] args) {
        Zeichenprogramm z = new Zeichenprogramm();
        Kreis k = new Kreis(60, 60, 40);
        z.setFlaeche(k);
    }
}
```

Was wurde geändert? Die Inneren Klassen `MyCanvas` und `MyWindow Adapter` wurden zu sog. *Anonymen Klassen*. Anonyme Klassen sind Innere Klassen, die keinen expliziten Klassennamen besitzen. Das hat zur Folge, dass solche Klassen nur ein einziges Mal instanziiert werden können. In unserem Fall ist dies in jedem Fall angebracht, da die Klassen `Canvas` und `WindowAdapter` speziell für diesen Kontext definiert und nur hier verwendet werden.

Und noch etwas wurde geändert: Mit `g.setColor(Color.RED)` wird festgelegt, dass die `paint()`-Methode in `Kreis` nun einen roten statt einen standardmäßig schwarzen Kreis zeichnet. Abgesehen von persönlichen Farbvorlieben haben wir hier aus Sicht der Objektorientierung eine durchaus interessante Konstruktion: Wir bestimmen in der Klasse `Zeichenprogramm` die Farbe des Kreises. Die `Kreis`-Klasse zeichnet daraufhin – ohne etwas davon zu wissen – den Kreis in der entsprechenden Farbe, indem sie unser vorkonfiguriertes `Graphics`-Objekt verwendet.

3.4.3 Interfaces

Weiter oben haben wir schon einmal das Thema *Mehrfachvererbung* behandelt und festgestellt, dass es in Java keine Mehrfachvererbung gibt. Eine Klasse kann daher immer nur *eine* Oberklasse besitzen. Aber: Eine Klasse kann beliebig viele *Interfaces* implementieren.

Interfaces sind wie Klassen, in denen im Wesentlichen nur Methodenköpfe festgelegt sind, also keine Implementierungen. Interfaces besitzen zudem keine Attribute. Man kann auch sagen: Ein Interface ist wie eine abstrakte Klasse, die ausschließlich abstrakte Methoden besitzt.

Ein abstraktes Beispiel zu einem abstrakten Thema: Definieren wir zuerst ein Interface `I` wie folgt:

```
public interface I {
    void a();
    void b();
}
```

Interfaces werden mit dem Schlüsselwort gekennzeichnet. Unser Interface `I` deklariert die Methoden `a()` und `b()`.

Es folgt eine Klasse `C`. Sie *implementiert* das Interface `I`. Man beachte, dass sich die Terminologie zwischen Klassen und Interfaces von der klassischen Oberklasse-Unterklasse-Beziehung unterscheidet. Bei einer Unterklasse sagt man, dass sie von der Oberklasse *erbt,* nämlich Attribute und Methoden. Demgegenüber *implementiert* eine Klasse ein Interface. Wir sprechen dabei nicht von Vererben, weil ein Interface nichts zu vererben hat. Es besitzt weder Attribute noch Methoden, sondern lediglich Methodendeklarationen. Statt etwas zu vererben, schreibt es einer Klasse vor, welche Methoden sie zu implementieren hat. Hier also die versprochene Klasse `C`:

```
public class C implements I {

    public void a() {
        // Implementierung von a()...
    }
    public void b() {
        // Implementierung von b()...
    }
}
```

Während wir bei der Vererbung von Klassen das Schlüsselwort `extends` verwenden, kommt bei der Implementierung von Interfaces das Schlüsselwort zum Einsatz. Eine sinnvolle Implementierung von `a()` und `b()` wurde hier nicht vorgenommen, da diese bei abstrakten Beispielen ohnehin nicht möglich ist. Wichtig ist nur zu erkennen, dass eine Implementierung von `a()` und `b()` in jedem Fall erforderlich ist, weil das Interface `I` dazu verpflichtet.

Welchen Nutzen haben nun Interfaces, abgesehen davon, dass sie Klassen zur Implementierung ihrer Methoden zwingen? Auch wenn Klassen nichts von Interfaces erben, können sie diesbezüglich alle Vorteile der Polymorphie in Anspruch nehmen. Definieren wir z. B. einen Array des Typs `I`. In diesen Array stellen wir Instanzen von `C`, `D`, `E` oder beliebige andere Instanzen, sofern die entsprechenden Klassen nur das Interface I implementieren. Auf `I`-Referenzen können wir nun die Methoden `a()` und `b()` anwenden, ohne dass wir zuvor auf den konkreten Typ der Klasse casten müssen. Tatsächlich muss uns dieser Typ nicht einmal bekannt sein.

Die Entwicklung von der Prozeduralen zur Objektorientierten Programmierung
Prozedurale und *Objektorientierte Programmierung* sind beides sog. *Programmierparadigmen.* Programmierparadigmen bezeichnen die einer Programmiersprache zugrunde liegende Prinzipien und definieren grundlegend die Art und Weise der Programmierung.

Programmiersprachen unterstützen – auf unterschiedlichen Ebenen – in der Regel mehrere Programmierparadigmen durch ihren Sprachschatz bzw. ihre Syntax. Man wird in bestimmten Sprachen unterstützt, bestimmten Programmierparadigmen Folge zu leisten. Diese zu umgehen ist zwar möglich, ist allerdings mit beträchtlichen Hürden verbunden.

Man unterscheidet in der Softwaretechnik zwischen der *Programmierung im Kleinen* und der *Programmierung im Großen*. Bei der Programmierung im Kleinen wird die Entwicklung einzelner Algorithmen fokussiert, d. h., man betrachtet, auf welche Art und Weise Anweisungen innerhalb von Funktionen angeordnet sind. Bei der Programmierung im Großen hingegen geht es um grob-granularere Gebilde. Im Mittelpunkt steht die Anordnung von Funktionen und globalen Daten in der Anwendung.

Im Bereich der Programmierung im Kleinen unterstützt Java die sog. *Strukturierte Programmierung*, also die Anwendung von Sequenz, Verzweigung und Schleife als Kontrollstrukturen. Demgegenüber steht die unstrukturierte Programmierung mit der Verwendung des GOTO-Befehls (siehe Exkurs *Geschichte der Kontrollstrukturen*).

Bei der Programmierung im Großen vertritt Java die Objektorientierte Programmierung. Die hierzu konkurrierende Prozedurale Programmierung hingegen wird von Java gezielt nicht unterstützt.

Das Paradigma der Objektorientierung entwickelte sich historisch gesehen vorwiegend aus den Problemen, die die Prozedurale Programmierung mit sich bringt. Bei der Prozeduralen Programmierung werden Daten, auf die mehr als eine Funktion zugreift, als globale Variablen gehalten, auf welche dadurch alle Funktionen im Programm zugreifen können.

In der Objektorientierten Programmierung werden Daten und die darauf operierenden Funktionen zu Einheiten, sog. Objekten, zusammengefasst. Die Funktionen eines Objekts steuern dabei den Zugriff auf ihre zugehörigen Daten. Klassenfremde Objekte haben i. d. R. keinen Zugriff auf diese Daten, sondern erhalten diesen indirekt über die entsprechenden Funktionen[3].

In der OOP dienen die Funktionen einer Klasse dazu, die Konsistenz ihrer Daten zu wahren, d. h., sie stellen sicher, dass in den Variablen der Objekte nichts Unsinniges steht. In der Prozeduralen Programmierung ist eine solche Kapselung nicht explizit definiert. Dennoch muss selbstverständlich sichergestellt werden, dass sich die Funktionen eines Programms die Daten nicht gegenseitig kaputtschreiben, weil sie sie z. B. unterschiedlich interpretieren.

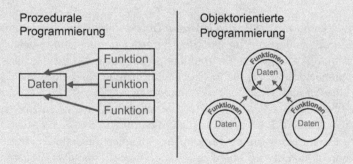

Und nun folgt eine einfache Rechnung: In der Objektorientierten Programmierung muss der Programmierer die Funktionen einer Klasse koordinieren, sodass sie ihre Daten gleichartig behandeln. Nehmen wir an, es gäbe in einer Klasse maximal 20 Funktionen, die sich untereinander abstimmen müssten. Noch einmal: Andere Funktionen können nicht auf unsere Daten zugreifen!

---

[3]Die allgemeinen Bezeichnungen *Daten* und *Funktionen* sind hier bewusst anstelle der in der OOP üblichen Begriffe *Attribute* und *Methoden* gewählt, um eine bessere Vergleichbarkeit mit der Prozeduralen Programmierung zu ermöglichen.

In der Prozeduralen Programmierung – oder allgemeiner: ohne Datenkapselung – muss der Programmierer praktisch alle Funktionen eines Programms untereinander koordinieren, damit die Daten konsistent bleiben. Nehmen wir an, es handelt sich hierbei um etwa 1000 Funktionen.

Es ist offensichtlich, dass der Koordinierungsaufwand bei der OOP deutlich geringer ist. Zusammenfassend kann man sagen, dass das Programmieren durch die Entwicklung von der Prozeduralen zur Objektorientierten Programmierung einfacher wird, da die Daten durch (eine geringe Anzahl von) Funktionen gekapselt werden.

Erweiterte Konzepte in Java

4

Die folgenden Java-Konzepte sind gleich im doppelten Sinne *erweiterte* Konzepte. Zum einen sind sie nicht so grundlegend wie die bisherigen Konzepte, sondern etwas ungebräuchlicher – exotischer sozusagen. Zum anderen kann man sie als *erweitert* bezeichnen, da sie nicht von Anfang an zum Java-Sprachschatz gehört haben, sondern erst seit Java 5 zur Verfügung stehen.

4.1   Generics

Nehmen wir an, Sie möchten eine `Safe`-Klasse programmieren, deren Aufgabe es ist, ein Objekt eines beliebigen Typs zu speichern und das Objekt bei Bedarf wieder zurückzugeben. Das Objekt soll aber nur zurückgegeben werden, wenn einer entsprechenden get-Methode das gültige Passwort übergeben wird. Das Passwort ist sozusagen der Schlüssel zu unserem `Safe`-Objekt. Sie könnten das Problem folgendermaßen lösen:

```java
public class Safe {

    private Object secretObject;

    public Safe(Object secret) {
        secretObject = secret;
    }

    public Object getSecret(String password) {
        if (password.equals("sesam"))
            return secretObject;
        else
            return null;
    }
}
```

© Springer-Verlag GmbH Deutschland, ein Teil von Springer Nature 2020
C. Silberbauer, *Einstieg in Java und OOP*,
https://doi.org/10.1007/978-3-662-61309-2_4

Unser Safe besitzt ein Attribut `secretObject`. Wir möchten darin ein Objekt eines beliebigen Typs speichern, z. B. ein `Rechteck`. Aus diesem Grund gehört dieses Attribut dem Typ `Object` an, weil `Object` die Oberklasse aller Java-Klassen ist und dadurch ein beliebiges Objekt in den Safe gelegt werden kann. Es gibt in der `Safe`-Klasse keine `setSecret()`-Methode, damit das gespeicherte Objekt nicht überschrieben werden kann. `secretObject` kann ausschließlich durch den Konstruktor gesetzt werden. Wir haben aber natürlich eine `getSecret()`-Methode, bei der ein Passwort übergeben werden muss. Ist es korrekt – wurde also *sesam* übergeben –, gibt die Methode das geheime Objekt zurück, andernfalls gibt sie `null` zurück.

Probieren wir unsere `Safe`-Klasse doch gleich einmal aus, indem wir probeweise ein `Rechteck` in einem `Safe`-Objekt verstauen:

```
Rechteck in = new Rechteck(10, 10, 50, 80);
Safe safe = new Safe(in);
```

Wir erzeugen ein neues `Rechteck` `in` und übergeben es an unseren `Safe`. Wollen wir später das Objekt wieder aus dem Safe herausholen, schreiben wir:

```
Rechteck out = (Rechteck)safe.getSecret("sesam");
```

Diese Vorgehensweise ist allerdings nicht optimal: Wollen wir nämlich das `Rechteck` herausholen, um es als solches weiter zu verarbeiten, müssen wir zunächst explizit casten, da der `return`-Typ ja `Object` ist. Problematisch ist dies, wenn einmal kein `Rechteck` im `Safe` eingeschlossen ist und wir deshalb eine `ClassCastException` erhalten. Wir können zwar casten, die Verantwortung dafür, ob das auch möglich ist, tragen wir bzw. im Allgemeinen der Programmierer. Der Compiler gewährt uns hier *keine Typsicherheit* mehr.

Die Typsicherheit kann in Java mithilfe des Konzepts *Generics* wieder hergestellt werden:

```
public class Safe<T> {

    private T secretObject;

    public Safe(T secret) {
        secretObject = secret;
    }

    public T getSecret(String password) {
        if (password.equals("sesam"))
            return secretObject;
        else
            return null;
    }
}
```

Die Klasse `Safe` ist nun ein *generischer Typ*, welche durch einen *Typparameter* parametrisiert ist, den wir hier T nennen. T steht für einen beliebigen Typ, der bei einer Instanziierung durch ein *Typargument* bestimmt werden muss; etwa wie im Folgenden gezeigt:

```
Rechteck in = new Rechteck(10, 10, 50, 80);
Safe<Rechteck> safe = new Safe<Rechteck>(in);
...
// es ist kein Cast notwendig!
Rechteck out = safe.getSecret("sesam");
```

Beim Auslesen des geheimen Objekts ist kein Casten mehr erforderlich, da wir beim Erstellen des safe-Objekts den genauen Typ bzw. das Typargument – hier Rechteck – festgelegt haben. Der Compiler bietet uns in diesem Kontext nun wieder Typsicherheit.

Generics sind vor allem für *Collections* sehr hilfreich. Collections sind, wie der Name schon sagt, Klassen für *Sammlungen* von Objekten. Man kann darin Beliebiges verstauen, wie beispielsweise Rechtecke oder Kreise oder Schuhe oder Pullover. Im Gegensatz zu gewöhnlichen Arrays sind sie nicht auf eine feste Länge beschränkt.

In der Standardklassenbibliothek steht uns z. B. die parametrisierbare Klasse ArrayList zur Verfügung. Für diese Klasse habe ich eine wunderbare Anwendung: Erstellen wir uns doch einmal eine Klasse Gruppe, in der wir eine Gruppe von Flaechen verstauen können. Die Gruppe ist auch von der Klasse Flaeche abgeleitet. Damit *ist* eine Gruppe auch eine Flaeche – eine aggregierte Flaeche sozusagen.

Hier ein erster Entwurf der Klasse:

```
public class Gruppe extends Flaeche {

    private ArrayList<Flaeche> flaechenListe;     // 1

    public Gruppe(int x, int y) {
        super(x, y);
        flaechenListe = new ArrayList<Flaeche>(); // 2
    }

    public void add(Flaeche flaeche) {            // 3
    {
        flaechenListe.add(f);
    }

    public void remove(Flaeche f) {               // 4
        flaechenListe.remove(f);
    }

    public void paint(Graphics g) {               // 5
        // todo, Flaechen der Gruppe zeichnen
    }
}
```

Gruppe besitzt das Attribut flaechenListe (1) des Typs Array List<Flaeche>. Diese Collection ist demnach nur in der Lage, Objekte des Typs Flaeche (bzw. davon abgeleiteter Typen) aufzubewahren.

Im Konstruktor wird `flaechenListe` initialisiert. Mit der Methode `add()` (3) kann eine `Flaeche` der `flaechenListe` hinzugefügt werden, mit `remove()` (4) kann sie aus der Liste wieder entfernt werden.

Wir sind dazu gezwungen, eine `paint()`-Methode (5) zu schreiben, da `Gruppe` von `Flaeche` abgeleitet ist und `paint()` in `Flaeche` abstrakt deklariert ist. Eine entsprechende Implementierung steht aber noch aus. Sie erfolgt im nächsten Abschnitt.

Collections (ArrayList und HashMap)

Die Java-Klassenbibliothek stellt im Package java.util u. a. auch sog. Collection-Klassen zur Verfügung. Collections dienen dazu, gleichartige Objekte aufzubewahren und wiederzufinden. Die Anzahl der Elemente, die sie aufbewahren können, ist nicht fest vorgegeben, so wie das bei einfachen Arrays der Fall ist. Stattdessen können sie praktisch beliebig viele Elemente aufnehmen. Seit Java 5 unterstützen diese Klassen das Konzept der Generics und gewähren somit Typsicherheit beim Umgang mit den zu verwaltenden Objekten (siehe Abschn. 4.1 *Generics*, S. 133).

Die Klassenbibliothek unterscheidet dabei primär zwischen Listen (`List`), Mengen (`Set`) und Zuordnungen (`Map`). Listen bewahren ihre Elemente geordnet auf und erlauben auch Duplikate. Mengen hingegen sind nicht notwendigerweise geordnet und repräsentieren Sammlungen unterschiedlicher Elemente. Zuordnungen schließlich sind Sammlungen von Schlüssel-Werte-Paaren (bzw. Key-Value-Paaren). Dabei ist jedem Schlüssel maximal ein Werteobjekt zugeordnet. Schlüssel sind in einer Map immer eindeutig.

Auf Mengen werden wir in diesem Abschnitt nicht näher eingehen. Ein Beispiel für Listen haben wir mit der Klasse `ArrayList` bereits im vorangegangenen Abschnitt betrachtet. Daher wird auf ein weiteres Beispiel verzichtet. Zur Ergänzung finden Sie in der folgenden Tabelle ausgewählte Methoden der Klasse `ArrayList`:

`boolean add(E e)`	Hängt das Element e am Ende der Liste an
`void add(int index, E e)`	Fügt das Element e an einer bestimmten Position ein
`void clear()`	Entfernt alle Elemente aus der Liste
`Object clone()`	Gibt eine Kopie der Instanz zurück
`boolean contains(Object o)`	Prüft, ob ein bestimmtes Element in der Liste enthalten ist
`E get(int index)`	Gibt das Element an einer bestimmten Position zurück
`int indexOf(Object o)`	Gibt den Index eines Elements zurück. Falls o mehrmals in der Liste enthalten ist, wird der erste Index zurückgegeben. Falls o nicht in der Liste enthalten ist, wird -1 zurückgegeben

`E remove(int index)`	Entfernt ein Element an einer bestimmten Position
`boolean remove(Object o)`	Entfernt ein gegebenes Element aus der Liste. Falls o mehrmals in der Liste enthalten ist, wird nur die erste Instanz gelöscht. Falls o nicht in der Liste enthalten ist, wird `false` zurückgegeben, andernfalls `true`
`E set(int index, E e)`	Ersetzt ein Element an einer bestimmten Position durch ein neues Element e. Gibt das alte Element zurück
`int size()`	Gibt die Anzahl der Listenelemente zurück

Kommen wir zu den Zuordnungen. Sie können Maps verwenden, wenn Sie über einen Schlüssel auf ein Objekt zugreifen möchten. Eine *manuelle* Map stellt gewissermaßen jedes Telefonbuch dar. Sie können schnell über einen Namen (Key) auf eine Telefonnummer und teilweise auch auf die Adresse (Value) schließen, weil die Namen (also die Schlüssel) sortiert sind. Eine sortierte Liste würde auch automatisiert, also mithilfe eines Computerprogramms, eine schnelle Suche erlauben und zwar mittels der sog. *Bisektion.* Hierbei nimmt man in einer sortierten Liste den mittleren Eintrag und vergleicht ihn mit dem gesuchten Eintrag. Ist der gesuchte Eintrag kleiner, sucht man in der ersten Hälfte der Liste weiter, ist er größer, sucht man in der zweiten Hälfte weiter, und ist der Schlüssel der gesuchte, bricht man die Suche erfolgreich ab. Solange der Schlüssel nicht gefunden ist, fährt man mit der Suche in der jeweiligen Hälfte entsprechend fort. Man kann auf diese Weise durch wiederholtes Halbieren der Liste sehr schnell einen Eintrag finden. Bei 1000 Einträgen sind nur maximal zehn Zugriffe nötig, bei einer Million Einträgen nur 20 Zugriffe und bei einer Milliarde Einträgen nur maximal 30 Zugriffe. Genau genommen sind es maximal $\log_2(n)$ Zugriffe, wobei n für die Anzahl der Einträge steht. Voraussetzung für das schnelle Auffinden ist wohlgemerkt, dass die Schlüssel sortiert vorliegen.

Bitte beachten Sie, dass in einem richtigen Telefonbuch in einer Stadt Namen durchaus mehrmals vorkommen können, während Java-Maps einen eindeutigen Schlüssel benötigen. Insofern hinkt das Beispiel ein bisschen.

Anhand der Klasse `HashMap` möchte ich Ihnen nun eine konkrete Map demonstrieren. Die Klasse `HashMap` realisiert *nicht* das Bisektionsverfahren zur Suche von Einträgen anhand eines Schlüssels, sondern implementiert stattdessen eine sog. *Hashtabelle*. Dabei müssen die Schlüssel nicht sortiert vorliegen. Dennoch können Einträge in der Regel noch schneller gefunden werden als bei dem Bisektionsverfahren! Möglich ist dies, weil die Position des Eintrags mittels Schlüssel *berechnet* wird.

Betrachten wir im Folgenden ein Beispiel zu `HashMap`:

```
public static void main(String[] args) {

   HashMap<String, Kreis> map
    = new HashMap<String, Kreis>();

   map.put("A", new Kreis(0, 0, 10));
   map.put("B", new Kreis(0, 0, 20));
   map.put("C", new Kreis(0, 0, 30));

   System.out.println("B mit dem Radius " +
                   map.get("B").getRadius() +
                   " wird jetzt gleich gelöscht!");
   map.remove("B");
   System.out.println(map.get("B"));
}
```

Während für die `ArrayList` ein Typparameter ausreichend war, besitzt die
Klasse `HashMap` gleich zwei davon – einen für Key und einen für Value.
Wir wollen in der Beispiel-`HashMap` die altbekannten Kreise verstauen
und anhand einer Zeichenkette ansprechen. Wir geben den Kreisen also die
Namen *A, B* und *C,* schieben die Kreise mittels der `put()`-Methode in die
`HashMap` und holen sie mit `get()` wieder heraus. Mithilfe der Methode
`remove()` können wir Einträge löschen. Versuchen wir, auf nichtexistente
Einträge zuzugreifen, gibt uns die `get()`-Methode eine `null`-Referenz
zurück. Das obige Programm erzeugt demnach folgende Ausgabe:

```
B mit dem Radius 20 wird jetzt gleich gelöscht!
null
```

Was bedeutet nun: Die Position des Eintrags wird *berechnet?* Die
Key-Klasse implementiert eine Methode `hashCode()`. Diese gibt einen
`int`-Wert zurück. Für *gleiche* Instanzen muss `hashCode()` denselben
Wert zurückgeben, unterschiedliche Instanzen sollen möglichst einen unter-
schiedlichen Hashcode erzeugen, können notfalls aber auch den gleichen
Hashcode generieren – das lässt sich leider nicht immer vermeiden.
   Ob zwei Instanzen *gleich* sind, bestimmt die `equals()`-Methode. Sie
wird ebenfalls von der Schlüssel-Klasse implementiert.
   Unsere `HashMap` besitzt einen Array des Typs `Entry`, dessen Elemente
auf Value-Objekte verweisen. `Entry` ist eine innere Klasse von `HashMap`.
Wird ein Value-Objekt in die `HashMap` eingetragen, wird der Hashcode
des Keys zunächst modifiziert, sodass sein Wert unter dem der Länge des
internen Arrays liegt. Dadurch ist der Index in diesem Array bestimmt. In
der Regel wird nun dort der neue Eintrag gespeichert. Kommt es zu Überschneidungen, weil unter diesem Index bereits ein Eintrag gespeichert ist,
wird der alte Eintrag durch den neuen Eintrag im Array ersetzt. Der neue
Eintrag verweist dann auf den alten, dieser geht also nicht verloren. Der Typ
`Entry` nutzt dazu das (zusätzliche) Attribut `next`. Es kann aber sein, dass

sich an der Stelle bereits ein *gleicher* Eintrag befindet (die Gleichheit wird mittels `equals()` geprüft). Im Vorfeld werden also ggf. ein schon vorhandener Eintrag oder mehrere entsprechend verkettete vorhandene Einträge unter diesem Index auf Gleichheit geprüft. Befindet sich unter diesem Index bereits ein *gleicher* Eintrag, wird der alte Eintrag ersetzt.

Da der Index während des Hinzufügens von Einträgen berechnet wird, kann die Berechnung sehr schnell erfolgen. In der Regel erfolgt das Eintragen unabhängig von der Anzahl der Elemente, die sich bereits in der `HashMap` befinden. Kommt es zu Überschneidungen, wird das Hinzufügen aber verlangsamt.

Um zu vermeiden, dass der interne `Entry`-Array der `HashMap` zu voll wird und dadurch leicht Überschneidungen entstehen können, wird die `HashMap` nur bis zum sog. `LoadFactor` gefüllt. Dieser besitzt standardmäßig den Wert 0.75. Ist also der `Entry`-Array zu 75 % gefüllt, werden die Einträge in einen größeren Entry-Array umkopiert. Die Größe des `Entry`-Arrays wird dabei immer verdoppelt, sodass wieder ausreichend Platz in der `HashMap` vorhanden ist. Beim Auslesen von Einträgen anhand des Schlüssels wird dessen Position analog berechnet. Auch hierbei muss eine ggf. vorliegende sog. *lineare Liste* erst durchlaufen werden, um einen *gleichen* Eintrag zu finden. Entsprechendes gilt für den Löschvorgang.

Die beiden Methoden `hashCode()` und `equals()`, die für `HashMap`-Schlüssel erforderlich sind, besitzen eine Standardimplementierung in der Klasse `Object`. Der `hashCode()` ist dabei die Adresse der Instanz, `equals()` vergleicht die Adressen. Zwei unterschiedliche Instanzen mit gleichen Attributwerten gelten demzufolge als unterschiedliche Einträge! Hat man eine andere Vorstellung von *Gleichheit,* muss man die beiden Methoden überschreiben. Achten Sie darauf, dass – wie bereits angemerkt – gleiche Instanzen auch dieselben Hashcodes erzeugen müssen, da Sie andernfalls Einträge in der `HashMap` möglicherweise nicht mehr wiederfinden! Üblicherweise sollten dieselben Größen in die Ermittlung des Hashcodes und in die Prüfung der Gleichheit einfließen.

Einige ausgewählte Methoden der Klasse HashMap sehen Sie hier:

`HashMap(`
`int initialCapacity,`
`float loadFactor)`
	Erzeugt eine `HashMap` mit einer definierten Ausgangskapazität und einem definierten Ladefaktor

`HashMap()`	Erzeugt eine `HashMap` mit einer Kapazität von 16 und einem Ladefaktor von 0.75
`void clear()`	Entfernt alle Einträge aus der Map
`Object clone()`	Gibt eine Kopie der Instanz zurück
`boolean containsKey(` `Object key)`	Prüft, ob ein bestimmter Schlüssel in der Map enthalten ist
`boolean containsValue(` `Object value)`	Prüft, ob ein bestimmter Wert in der Map enthalten ist

`V get(Object key)`	Gibt den Wert zu einem bestimmten Schlüssel zurück
`V put(K key, V value)`	Setzt ein Schlüssel-Wert-Paar. Gibt den bisherigen Wert zu diesem Schlüssel zurück. Falls der Schlüssel noch nicht gesetzt war, wird `null` zurückgegeben
`V remove(Object key)`	Entfernt ein Element mit einem bestimmten Schlüssel
`int size()`	Gibt die Anzahl der Einträge zurück

Weitere Informationen zu Collections finden Sie in der Dokumentation der Java-Klassenbibliothek. Ein Blick darauf lohnt sich!

4.2   Erweiterte for-Schleife

Seit Java 5 steht eine erweiterte for-Schleife zur Verfügung, mit der wir Elemente von Collections durchlaufen können. So lassen sich in `paint()` alle Kinder der Gruppe beauftragen, wiederum ihre `paint()`-Methode anzuwenden:

```
public void paint(Graphics g) {

    for (Flaeche f : flaechenListe)
        f.paint(g);
}
```

Hier wird `flaechenListe` von vorne bis hinten durchlaufen; bei jedem Schleifendurchlauf wird in `f` das aktuelle Listenelement geschrieben.

Etwas haben wir aber bislang noch vernachlässigt. Unsere Gruppe besitzt eine Position, bestimmt durch `xPos` und `yPos`. Beide Attribute erbt sie von ihrer Oberklasse. Die Elemente der Gruppe sollten relativ zu dieser Position gezeichnet werden.

Wir definieren beispielsweise eine Gruppe `g1` mit den Koordinaten (10/10) und ein Rechteck mit den Koordinaten (50/50). Dieses Rechteck fügen wir der Gruppe hinzu. Wird nun die `paint()`-Methode von `Rechteck` aufgerufen, sollte das Rechteck auf Position (60/60) gezeichnet werden. Die Koordinaten des Rechtecks sind damit relativ zu den Koordinaten der umschließenden Gruppe.

Das klingt schwieriger, als es ist, da die Klasse `Graphics` uns hierbei tatkräftige Unterstützung bietet. Dazu muss die `paint()`-Methode der Gruppe lediglich folgendermaßen angepasst werden:

```
public void paint(Graphics g) {

    g.translate(getX(), getY());
    for (Flaeche f : flaechenListe) f.paint(g);
    g.translate(-getX(), -getY());
}
```

Wir manipulieren mittels `translate()` auf g den Ursprungspunkt. Dieses manipulierte g wird dann an `Flaeche` übergeben. Da g zum Zeichnen eines Rechtecks oder eines Kreises verwendet wird, erfolgt dies nun relativ zur Gruppenposition. Nachdem alle Elemente der Gruppe gezeichnet sind, machen wir die Ursprungsverschiebung wieder rückgängig.

4.3 Variable Anzahl von Methodenargumenten

Betrachten wir die `add()`-Methode der Klasse `Gruppe`. Ihr kann nach und nach jeweils eine `Flaeche` übergeben werden. Praktisch wäre es, wenn wir der `Gruppe` mehrere `Flaeche`-Objekte gleichzeitig hinzufügen könnten. Es gibt hierfür die folgenden beiden Möglichkeiten: Wir können zum einen einen Array von `Flaeche`-Objekten übergeben. Diesen müssten wir aber zunächst einmal anlegen, ihn nach und nach befüllen und anschließend an eine entsprechend modifizierte `add()`- Methode übergeben. Syntaktisch gesehen erscheint dies nicht wirklich vorteilhafter als einfach mehrmals die bisherige `add()`-Methode aufzurufen.

Seit Java 5 gibt es aber noch eine zweite, elegantere Möglichkeit. Wir können unsere `add()`-Methode so deklarieren, dass sie eine variable Anzahl durch Kommata getrennter Argumente zulässt. Der Aufruf sähe dann in etwa aus wie im folgenden Beispiel:

```
Rechteck r = new Rechteck(0,0,190,100);
Kreis k1 = new Kreis(10,10,40);
Kreis k2 = new Kreis(10,100,40);

Gruppe g = new Gruppe(50,50);
g.add(r, k1, k2);
```

Wir definieren ein `Rechteck`, zwei `Kreise` und eine `Gruppe` und übergeben schließlich das `Rechteck` und die beiden `Kreise` durch einen einzelnen Methodenaufruf an die `Gruppe`. Zu diesem Zweck muss die `add()`-Methode auf folgende Implementierung abgeändert werden.

```
public void add(Flaeche... flaechen) {

    for (Flaeche f : flaechen)
        flaechenListe.add(f);
}
```

Die drei Punkte („...") hinter dem Parametertyp erlauben uns, eine variable Anzahl von `Flaechen` an `add()` zu übergeben. Innerhalb von `add()` ist `flaechen` wie ein normaler Array zu behandeln. Diesen können wir mit unserer erweiterten `for`-Schleife durchlaufen und sukzessive die `flaechenListe` befüllen.

Ein derartiger Parameter kann übrigens auch mit ganz normalen Parametern kombiniert werden, muss dann aber immer der letzte in der Parameterliste sein.

Design Patterns

5

Zurück zu unserem Zeichenprogramm. Durch die neue Klasse Gruppe haben wir nun viel mehr Gestaltungsspielraum beim Zeichnen. Bisher konnten wir lediglich eine einzige Flaeche in unserem Zeichenprogramm unterbringen – entweder Rechteck oder Kreis. Eigentlich hat sich daran nichts geändert; geben wir aber als Flaeche eine Gruppe an, kann diese Gruppe wiederum Sub-Flaechen besitzen, unter denen sich wiederum eine Gruppe befinden kann, die weitere Flaechen beinhaltet usw.

Mit unseren ganz neuen Möglichkeiten wollen wir nun etwas zeichnen und ändern dazu die main()-Funktion in der Klasse Zeichenprogramm folgendermaßen ab:

```java
public static void main(String[] args) {

    Zeichenprogramm z = new Zeichenprogramm();

    Gruppe root = new Gruppe(0,0);

    Rechteck r = new Rechteck(0,0,100,190);
    Kreis k1 = new Kreis(10,10,40);
    Kreis k2 = new Kreis(10,100,40);

    Gruppe g1 = new Gruppe(50,50);
    g1.add(r, k1, k2);

    Gruppe g2 = new Gruppe(200,50);
    g2.add(r, k1, k2);
    root.add (g1, g2);
    z.setFlaeche(root);
}
```

Auf Position (0/0) ist eine Gruppe root definiert. In dieser Gruppe befinden sich eine Gruppe g1 mit den Koordinaten (50/50) und (daneben) eine Gruppe g2 auf (200, 50). Beide Gruppen beinhalten ein Rechteck r und zwei

© Springer-Verlag GmbH Deutschland, ein Teil von Springer Nature 2020
C. Silberbauer, *Einstieg in Java und OOP,*
https://doi.org/10.1007/978-3-662-61309-2_5

Kreise k1 und k2, wobei anzumerken ist, dass es diese drei Objekte nur jeweils einmal gibt, beide Gruppen aber je eine Referenz auf die Objekte gespeichert haben. In main() wird die root-Gruppe schließlich in Zeichenprogramm z als Flaeche gesetzt.

Das visuelle Ergebnis dieser Komposition sieht aus wie folgt:

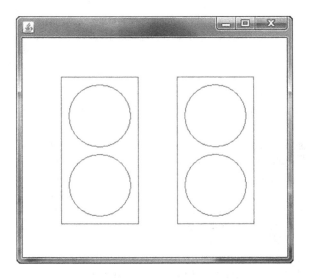

(Für den Fall, dass Sie nicht umgehend erkennen können, was mein Kunstwerk darzustellen versucht: Es handelt sich um zwei Lautsprecherboxen!)

Betrachten Sie nun unsere Klassenstruktur, die es erlaubt derartige Hierarchien von Flaechen zu entwerfen:

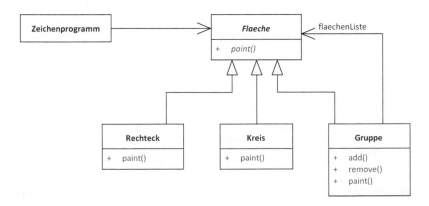

Das vorliegende UML-Klassendiagramm ist nicht vollständig. Es zeigt keine Attribute und nur die wesentlichen Methoden. Die Klasse Zeichenprogramm referenziert eine `Flaeche`-Instanz, also konkret entweder ein `Rechteck` oder einen `Kreis` oder eine `Gruppe`. `Gruppe` selbst kann wiederum beliebig viele `Flaeche`-Instanzen besitzen. Es entsteht eine sog. *Baumstruktur*.

Möchte `Zeichenprogramm` ihre `Flaeche` zeichnen, ruft sie ihre `paint()`-Methode auf. Ist dieses Objekt eine elementare `Flaeche`, wird sie sich selbst zeichnen; ist dieses Objekt hingegen eine `Gruppe`, werden in Schleife alle Kinder der `Gruppe` dazu aufgefordert, sich zu zeichnen.

Beachten Sie, dass `paint()` in einem solchen Fall rekursiv aufgerufen wird (s. Abschn. 2.5. *Unterprogramme*).

Der Entwurf stammt aus dem Buch *Design Patterns* [7] der Herren Erich Gamma, Richard Helm, Ralph Johnson und John Vlissides. Diese vier sind auch unter dem Namen *Gang of Four (GoF)* bekannt. Sie haben in ihrem Buch eine Reihe von Entwurfsmustern im objektorientierten Umfeld zusammengestellt. Wie Sie sehen, muss man beim Entwurf von Softwarearchitekturen also nicht alles selbst erfinden, sondern kann auch aus den Erkenntnissen erfahrener Programmierer schöpfen.

In ihrem Buch stellen die Autoren auf Seite 1 fest:

These patterns solve specific design problems and make object-oriented designs more flexible, elegant, and ultimately reusable. They help designers reuse successful designs by basing new designs on prior experience. A designer who is familiar with such patterns can apply them immediately to design problems without having to rediscover them.

Auf Seite 3 finden sie schließlich eine Definition von Design Patterns:

The design patterns in this book are descriptions of communicating objects and classes that are customized to solve a general design problem in a particular context.

Damit definieren sie die Granularität ihrer Design Patterns. Es handelt sich bei diesen Design Patterns weder um rein klasseninterne Muster (z. B. wie definiere ich am besten eine typische `ArrayList`), noch handelt es sich um komplexe anwendungsbezogene Entwürfe für komplette Anwendungen oder Subsysteme.

Das Buch *Design Patterns* der GoF war das erste Buch dieser Art. Inzwischen sind hierzu viele Bücher geschrieben worden. Dabei wurden nicht nur die bereits bekannten Patterns der GoF aus unterschiedlichen Blickwinkeln beleuchtet, sondern auch eine Vielzahl neuer – meist speziellerer – Muster katalogisiert.

Interessant für fortgeschrittene Einsteiger (also Sie) ist meiner Meinung nach das Buch *Entwurfsmuster von Kopf bis Fuß* [6] von Eric und Elisabeth Freeman. Dieses Buch ist didaktisch sehr gut gelungen. Es verweist im Übrigen auf die gängige allgemeine Definition von Mustern:

Ein Muster ist eine Lösung eines Problems in einem bestimmten Kontext.

Dieser zunächst etwas allgemein gehaltenen Definition folgt eine ausführliche Interpretation, auf die ich an dieser Stelle nicht weiter eingehen möchte. Sollten Sie sich näher für Design Patterns interessieren, verweise ich auf entsprechende Fachliteratur. Ich empfehle sehr, sich hierzu eingehender zu informieren, da es die Qualität ihrer Programmierarbeiten mit Sicherheit positiv beeinflussen wird.

Eines der im Zeichenprogramm angewendeten Muster ist das *Composite-Pattern*. Seine Definition lautet nach der GoF:

Das Composite-Pattern ermöglicht es, Objekte zu einer Baumstruktur zusammenzusetzen und Teil/Ganzes-Hierarchien auszudrücken. Das Composite-Muster erlaubt den Clients, individuelle Objekte und Zusammensetzungen von Objekten auf gleiche Weise zu behandeln.

Die (leicht modifizierte) Struktur des Composite-Patterns ist im Folgenden abgebildet:

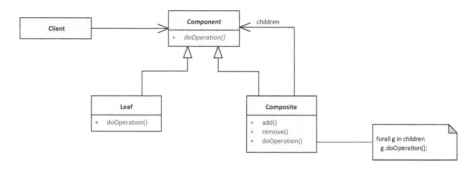

Erkennen Sie die Gemeinsamkeiten mit unserer eigenen Klassenstruktur? `Component` entspricht unserer Oberklasse `Flaeche`. Sie definiert die gemeinsame Schnittstelle von `Leaf` und `Composite`. Das betrifft also hier die `doOperation()`-Methode und in unserer Version die `paint()`-Methode. `Leaf` ist eine primitive Klasse, wie `Rechteck` und `Kreis`, die keine Kind-Komponenten besitzt. Die Rolle des `Composite` entspricht der unserer `Gruppe`-Klasse. Es besitzt demgegenüber Kind-Komponenten und implementiert für diese Verwaltungsoperationen wie `add()` und `remove()`. Gerne delegiert es Aufrufe auch an seine Kinder. Bei uns betrifft das die `paint()`-Methode, die im vorliegenden Diagramm äquivalent zu `doOperation()` zu sehen ist.

Mithilfe des Composite-Patterns können einfache Komponenten und aggregierte Komponenten (Kompositionen) einheitlich behandelt werden, da beide dieselbe Schnittstelle implementieren. Für den Client (`Zeichenprogramm`) sind Leaf (`Rechteck` oder `Kreis`) und Composite (`Gruppe`) somit *transparent.* So werden notwendige Fallunterscheidungen in unserer Anwendung reduziert, und die Handhabung wird in dieser Hinsicht vereinfacht.

Schließlich bleibt noch festzustellen, dass in unserem `Zeichenprogramm` noch drei weitere Patterns versteckt sind, nämlich *Iterator, Observer* und *Strategy*. Finden Sie selbst heraus, wo sie zu finden sind. Viel Spaß dabei!

Aspektorientierung und Reflection

6

Lassen Sie uns noch eins draufsetzen: Eine neue Erweiterung zu unserem `Zeichenprogramm`. Die Aufgabe lautet: Jede Änderung einer Eigenschaft eines `Rechtecks` soll geloggt werden. Ändern wir beispielsweise die Breite eines `Rechtecks` von 20 auf 30, soll auf der Konsole folgender Text ausgegeben werden:

```
Breite von 20 auf 30 geändert.
```

Nachdem dank Datenkapselung (siehe Abschn. 3.2) das Attribut `breite` nur durch eine entsprechende set-Methode geändert werden kann, ließe sich auch dort die geforderte Funktionalität unterbringen. Etwa so:

```java
public void setBreite(int breite) {
    if (breite <= 0) return;

    if (breite != getBreite()) {
        System.out.println("Breite von " +
            + getBreite() + " auf "
            + breite + " geändert.");
    }

    this.breite = breite;
}
```

Nach wie vor erlauben wir nur (neue) Breiten größer 0. Wenn nun die neue Breite ungleich der alten Breite ist, wird die Änderung per Konsole kommuniziert.

Frage: ist das nun schön so? Antwort: naja, kann man machen, aber dann doch besser nicht. Unsere set-Methode hat eigentlich die Aufgabe, Änderungen zu validieren. Und jetzt soll sie sich auch noch ums Loggen kümmern. Und was kommt als Nächstes? In der Softwaretechnik wünscht man sich Separation-of-Concerns. Das bedeutet, dass das, was inhaltlich bzw. semantisch voneinander getrennt ist, auch syntaktisch voneinander getrennt sein sollte. Demnach sollten wir unsere Logging-Funktionalität in einer eigenen Methode

© Springer-Verlag GmbH Deutschland, ein Teil von Springer Nature 2020
C. Silberbauer, *Einstieg in Java und OOP*,
https://doi.org/10.1007/978-3-662-61309-2_6

und/oder eigenen Klasse haben. Verschiedene Aspekte sollten unabhängig von-einander implementiert werden. Damit können sie auch unabhängig voneinander angepasst werden. Das macht das Programmieren einfacher.

Das heißt für uns, dass das Loggen separat stattfinden muss. Glücklicherweise kennen wir seit Kap. 5 Design-Patterns und unter diesen Design-Patterns gibt es eines, das uns weiterhilft, nämlich das Decorator-Pattern. Sein Zweck ist folgender:

Fügt einem Objekt dynamisch zusätzliche Verantwortlichkeiten hinzu. Decorators bieten eine flexible Alternative zur Vererbung zum Zweck der Erweiterung der Funktionalität.

Und so sieht das GoF-Buch [7] die Struktur des Patterns:

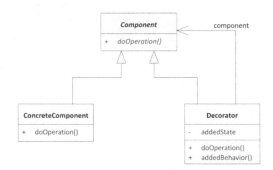

Die eigentliche, konkrete Komponente braucht also einen Obertyp. Dieser stellt abstrakt alle öffentlichen Methoden der Komponente zur Verfügung. In der Regel handelt es sich dabei um ein reines Interface. Dieses wiederum implementiert auch ein Decorator. Ein Decorator hat stets auch ein Attribut vom Typ einer (abstrakten) Komponente. Das kann damit eine konkrete Komponente sein oder wiederum ein Decorator. Nun implementiert ein Decorator üblicherweise alle Methoden einer Komponente. Gibt es nichts zu dekorieren, wird schlicht an die eigentliche dekorierte Komponente weitergeleitet. Gibt es doch etwas zu dekorieren, wird (zudem) der dekorierende Code berücksichtigt.

Das klingt reichlich abstrakt. Wenden wir das Pattern doch einfach mal an. Das bedeutet im ersten Schritt, wir müssen ein explizites Interface extrahieren. Nennen wir das Interface unserer `Rechteck`-Klasse `IRechteck` (in der Hoffnung, dass wir keine Schwierigkeiten mit Apple bekommen). Ein solches Interface sähe dann so aus:

```
public interface IRechteck {
    int getBreite();
    void void setBreite(int breite);
    void getHoehe();
    int setHoehe(int hoehe);
}
```

Zur Vereinfachung ignorieren wir hier sowohl, dass unsere `Rechteck`-Klasse mittlerweile von `Flaeche` erbt, als auch die `paint()`-Methode, die wir von `Flaeche` überschrieben haben.

In der Klasse `Rechteck` muss nun noch angegeben werden, dass sie `IRechteck` implementiert. Wie aus Abschn. 3.4.3 schon bekannt, schaffen wir das mit dem Schlüsselwort `implements`:

```
public class Rechteck implements IRechteck { …
```

Nach dem abstrakten GoF-Buch-Beispiel würde dann `IRechteck` der `Component` entsprechen und `Rechteck` der `ConcreteComponent`.

Im zweiten Schritt implementieren wir unseren `Decorator`, in unserem Fall unseren `RechteckLogger`:

```
public class RechteckLogger implements IRechteck {

    private IRechteck base;

    public RechteckLogger(IRechteck base) {
        this.base = base;
    }

    public int getBreite() {
        return base.getBreite();
    }

    public void setBreite(int breite) {
        int oldBreite = getBreite();
        base.setBreite(breite);
        int newBreite = getBreite();

        if (oldBreite != newBreite) {
            System.out.println("Breite von " +
                + oldBreite + " auf "
                + newBreite + " geändert.");
        }
    }

    public int getHoehe() {
        return base.getHoehe();
    }

    public void setHoehe(int hoehe) {
        int oldHoehe = getHoehe();
        base.setHoehe(hoehe);
        int newHoehe = getHoehe();

        if (oldHoehe != newHoehe) {
            System.out.println("Hoehe von " +
                + oldHoehe + " auf "
                + newHoehe + " geändert.");
        }
    }
}
```

Dem Konstruktor wird das zu dekorierende Objekt übergeben. Das könnte eine `Rechteck`-Instanz sein oder ein entsprechender Decorator, letztlich alles was `IRechteck` implementiert. Dieses Objekt speichern wir mit dem Attribut `base`.

In `getBreite()` verweisen wir auf die Funktionalität des Originals. Weil in der Verwendung später das Original durch den Decorator ersetzt wird, bleibt so die Funktionalität des Originals erhalten. Analog verfahren wir bei `getHoehe()` und generell bei allen Methoden, bei denen wir als Decorator nichts zu melden haben, also wo die ursprüngliche Funktionalität erhalten bleiben soll und wir auch nichts hinzufügen möchten.

Demgegenüber möchten wir in `setBreite()` als Decorator durchaus einen funktionalen Beitrag leisten. Wir speichern uns hier in `oldBreite` die bisherige Breite, delegieren den Aufruf dann an `setBreite()` unserer „Base" und falls sich dadurch deren Breite geändert hat, geben wir die Änderung auf der Konsole aus. Die Implementierung von `setHoehe()` gestaltet sich entsprechend.

Schritt 3: Der Decorator muss eingebunden werden. Das bedeutet, wo immer wir bisher ein `Rechteck` anlegen, muss dieses durch `RechteckLogger` dekoriert werden und es muss dann der `RechteckLogger` statt dem eigentlichen `Rechteck` verwendet werden. Dadurch wird die `Rechteck`-Funktionalität durch die Funktionalität des `RechteckLoggers` ergänzt. Dekorieren würden wir beispielsweise wie folgt:

```
IRechteck r = new Rechteck(30, 80);
r = new RechteckLogger(r);
```

Das bedeutet dann aber auch, dass überall in der Anwendung, wo bisher eine Variable vom Typ `Rechteck` deklariert wurde, diese in den Typ `IRechteck` geändert werden muss. Für uns wäre dieser Schritt einfacher gewesen, wenn wir die `Rechteck`-Klasse in `RechteckImpl` umbenannt hätten und dem Interface den Namen `Rechteck` überlassen hätten. Und genau so wird das üblicherweise in Java auch gemacht.

Beurteilen wir das Ergebnis unserer zweiten Version zur Umsetzung des Loggens. Positiv hervorzuheben ist, dass das Loggen getrennt von den set-Methoden stattfindet. Jedoch vollends zufriedenstellen sollte uns das Ergebnis nicht. Sehen Sie sich `setBreite()` und `setHoehe()` an. Deren Implementierung sieht doch sehr ähnlich aus. Für `getBreite()` und `getHoehe()` gilt dasselbe.

Würden wir nun der Klasse `Rechteck` eine Eigenschaft hinzufügen wollen, müssten wir den Decorator entsprechend nachziehen.

Wollte man am Loggen selbst etwas ändern, müsste man eine Anpassung bei allen set-Methoden in `RechteckLogger` durchführen. Beispielsweise wenn zwischen dem Attributnamen und dem Wort „von" das Wort „wurde" ergänzt werden, statt

```
Breite von 20 auf 30 geändert.
```

also

```
Breite wurde von 20 auf 30 geändert.
```

ausgegeben werden soll.

Auch wenn wir die Nachricht nicht mehr auf Konsole ausgeben, sondern in eine Datei oder eine Datenbank schreiben wollen, bedeutet das Änderungen sämtlicher Setter. Natürlich können Sie einwenden, dass es sich dabei aktuell ja nur um zwei Methoden handelt und sich der Anpassungsaufwand in Grenzen hält. Dennoch – und Sie werden es wohl schon ahnen -, haben wir es hier mit Redundanz zu tun. Diese ist schlecht und wir sollten eine Lösung dagegen haben.

In Java kann unser Redundanz-Problem beim Loggen mittels Reflection gelöst werden. Nachfolgender Exkurs bietet hierzu eine Einführung.

Einführung in die Java-Reflection
Java bietet eine Reflection API mit deren Hilfe auf die Typebene zugegriffen werden kann. Per Code kann beispielsweise der Name der Klasse eines Objekts ermittelt werden. Es können auch z. B. Methoden und Attribute einer Klasse bestimmt werden.

Es gibt in der Klasse `Object`, von der alle anderen Klassen erben, eine Methode `getClass()`, welche in Form eines `Class`-Objekts Informationen über die Klasse des Objekts liefert.

Wichtige Methoden der Klasse `Class<T>` (ja, es handelt sich dabei um einen parametrisierten Typ) sind in der folgenden Tabelle beschrieben:

`Constructor<?>[]` `getDeclaredConstructors()`	Gibt die Konstruktoren der Klasse zurück
`Field[]` `getDeclaredFields()`	Gibt die Attribute der Klasse zurück
`Method[]` `getDeclaredMethods()`	Gibt die Methoden der Klasse zurück
`Constructor<?>[]` `getConstructors()`	Gibt die Public-Konstruktoren der Klasse zurück
`Field[] getFields()`	Gibt die Public-Attribute der Klasse zurück, einschließlich der geerbten
`Method[] getMethods()`	Gibt die Public-Methoden der Klasse zurück, einschließlich der geerbten
`int getModifiers()`	Gibt die Modifier der Klasse zurück
`String getName()`	Gibt den qualifizierten Namen der Klasse zurück (also mit Packagenamen)
`String getSimpleName()`	Gibt den einfachen Namen der Klasse zurück (also ohne Packagenamen)
`Package getPackage()`	Gibt das umschließende Package zurück
`Class<? super` `T>getSuperclass()`	Gibt die Oberklasse als `Class`–Objekt zurück

Zugegebenermaßen haben wir in Abschn. 4.1 Generics bei Weitem nicht alle Möglichkeiten parametrisierter Typen geklärt. So sehen Sie in der obigen Tabelle bereits in der ersten Zeile die sog. *Wildcard* in Form eines Fragezeichens. Das bedeutet, dass es sich bei dem Rückgabetyp um einen Array von Konstruktoren handelt, die durch einen beliebigen, unbekannten Typ parametrisiert sind. In der letzten Zeile der Tabelle ist die Wildcard zudem beschränkt: Das Typargument ist ein Obertyp von T oder T selbst, wobei mit T der Typparameter der Klasse Class der Methode getSuperclass() gemeint ist. Somit ist eine Untergrenze für die Wildcard bestimmt. Würde man eine entsprechende Obergrenze definieren wollen, müsste es „? extends T" heißen. Wildcards werden uns in diesem Kapitel weiter unten nochmals begegnen.

Informationen über Attribute liefert dann die Klasse Field, die einige interessante Methoden enthält:

`Class<?>getDeclaringClass()`	Gibt die deklarierende Klasse zurück
`int getModifiers()`	Gibt die Modifier des Attributs zurück
`Class<?>getType()`	Gibt den Typ des Attributs zurück
`String getName()`	Gibt den Namen des Attributs zurück

Schließlich sind hier ausgewählte Methoden der Klasse Method dargestellt:

`Class<?>getDeclaringClass()`	Gibt die deklarierende Klasse zurück
`int getModifiers()`	Gibt die Modifier der Methode zurück
`Class<?>getReturnType()`	Gibt den Rückgabetyp der Methode zurück
`String getName()`	Gibt den Namen der Methode zurück

Nun wollen wir sehen, was wir damit machen können. Nehmen wir die Deklaration unserer Klasse Rechteck. Diese gestaltet sich wie folgt:

```
public class Rechteck extends Flaeche {

    private int breite;
    private int hoehe;

    public Rechteck(int x, int y,
                    int breite, int hoehe) { … }

    public void setBreite(int breite) { … }
    public int getBreite() { … }
    public void setHoehe(int hoehe) { … }
    public int getHoehe() { … }

    public void paint(Graphics g) { … }
}
```

Die Implementierung ist nicht dargestellt. Auf sie wäre über die Reflection ohnehin kein Zugriff. Wir könnten nun basierend auf einem Rechteck-Objekt folgende Konsolenausgabe anstreben:

```
Name: Rechteck

Attribute:
- int breite
- int hoehe

Konstruktoren:
- Rechteck(int, int, int, int)

Methoden:
- void setBreite(int)
- void setHoehe(int)
- int getBreite()
- int getHoehe()
- void paint(Graphics)
```

Und wie diese Ausgabe erreicht werden kann, zeigt folgende Java-Klasse:

```java
public class TypePrinter {

    private static void printClass(Class<?> cls) {

        System.out.println("Name: " + cls.getName());
        System.out.println("\nAttribute:");
        for (Field f : cls.getDeclaredFields()) {
            System.out.println("- "
                + f.getType().getSimpleName()
                + " " + f.getName());
        }

        System.out.println("\nKonstruktoren:");
        for (Constructor<?> c :
            cls.getDeclaredConstructors()) {
            System.out.print("- " + c.getName() + "(");
            printParameters(c.getParameterTypes());
            System.out.println(")");
        }

        System.out.println("\nMethoden:");
        for (Method m : cls.getDeclaredMethods()) {
            System.out.print("- "
                + m.getReturnType().getSimpleName()
                + " " + m.getName() + "(");
            printParameters(m.getParameterTypes());
            System.out.println(")");
        }
    }

    private static void printParameters(
                        Class<?>[] params) {
        boolean first = true;
        for (Class<?> p : params) {
            if (first) first = false;
            else System.out.print(", ");
            System.out.print(p.getSimpleName());
        }
    }

    public static void main(String[] args) {
        Flaeche flaeche = new Rechteck(0, 0, 100, 30);
        printClass(flaeche.getClass());
    }
}
```

Sehen Sie sich den Code in Ruhe an, vielleicht tippen Sie ihn auch in den Computer ein, um zu überprüfen, ob er funktioniert. Sehen Sie sich `printParameters()` genau an, wie hier eine kommaseparierte Liste ausgegeben wird – `first` sorgt dafür, dass nur zwischen den Typnamen Kommas ausgegeben werden und nicht vor oder nach der Liste.

Ich halte kurz mit Ihnen gemeinsam Inne. Wenn Sie soweit sind, hätte ich noch eine Ergänzung zum Thema: Wir sehen in der `main()`-Methode, wie wir aus einer `Reckteck`-Instanz die entsprechende `Class`-Instanz ableiten können. Tatsächlich gibt es noch zwei weitere Wege zur `Class`-Instanz, nämlich zum einen über den Typ bzw. die Klasse selbst:

```
Class<?> rechteckClass = Rechteck.class;
```

Jede Klasse hat also ein statisches Attribut namens `class`, um eine entsprechende `Class`-Instanz zu erhalten. Zum anderen führt ein Weg zur `Class`-Instanz über den Klassennamen, d. h. per Zeichenkette:

```
rechteckClass = Class.forName("Rechteck");
```

Die Klasse `Class` hat eine statische Methode `forName()`, um via Klassenname die zugehörige `Class`-Instanz zu erzeugen.

Wir können nun die Typinformation auslesen. Um allerdings einen generischen Logger unter Zuhilfenahme der Reflection zu programmieren, müssten wir zudem über die Typinformation Einfluss auf das Verhalten nehmen können. Wir müssten z. B. über eine `Class`-Instanz ein entsprechendes Objekt erzeugen, über eine Field-Instanz den Attributwert manipulieren oder über eine `Method`-Instanz eine Methode aufrufen können. Möglichkeiten hierfür zeigt folgender Exkurs auf.

Dynamischer generischer Zugriff per Reflection
Die wesentlichen Beiträge der Reflection-Klassen für einen dynamischen generischen Zugriff werden im Folgenden gezeigt.
    Klasse `Class<?>`:

`T newInstance()`	Erzeugt eine Instanz

Klasse `Constructor<T>`:

`T newInstance(Object... initargs)`	Erzeugt eine Instanz

Klasse Method:

`Object invoke(Object obj, Object… args)`	Ruft eine Methode auf

Klasse Field:

`Object get(Object obj)`	Gibt den Attributwert zurück
`void set(Object obj, Object value)`	Setzt value als Attribut-wert

Mittels `Class`-Object lässt sich ein entsprechendes Objekt per `newInstance()` erzeugen, sofern ein Defaultkonstruktor existiert. Ansonsten kann über eine Konstruktorinstanz ein Objekt erzeugt werden. Hier erlaubt die `newInstance()`-Methode eine Liste von Argumenten beliebigen Typs (nachdem ja alle Typen zu `Object` kompatibel sind). Per `invoke()` kann auf Basis einer `Method`-Instanz eine solche Methode aufgerufen werden. Der erste Parameter gibt dabei das eigentliche Objekt an, auf das die Methode angewendet werden soll und die folgenden Parameter sind die „normalen" Parameter der Methode. Mit der Klasse `Field` haben Sie mit `get()` einen lesenden und mit `set()` einen schreibenden Zugriff auf das entsprechende Attribut.

Wir könnten nun also einen `RechteckLogger` programmieren, der generisch Breite oder Höhe ausliest, Änderungen loggt und an die eigentlichen Methoden delegiert. Fraglich ist nur noch, wie man einen solchen Logger als Decorator einbindet. Die Lösung dafür ist ein sog. *Dynamic-Proxy*.

Ein Dynamic-Proxy ist ein Objekt, das vorgeben kann ein beliebiges Interface zu implementieren; und zwar zur Laufzeit, also dynamisch. Es wird durch einen `InvocationHandler` parametrisiert, an welchen auf generische Art und Weise die Anwendung des Proxies weitergeleitet wird. Bevor wir uns unserem `RechteckLogger` widmen, der dann eben den `InvocationHandler` implementieren müsste, sehen wir uns die Erzeugung des Proxies bzw. das Dekorieren an sich an:

```
IRechteck r = new Rechteck(30, 80);

InvocationHandler handler = new RechteckLogger(r);
ClassLoader clsloader =
    ClassLoader.getSystemClassLoader();
Class<?>[] interfaces = { IRechteck.class };
Object proxy = Proxy.newProxyInstance(
            clsloader, interfaces, handler);
r = IRechteck.class.cast(proxy);
```

Zunächst instanziieren wir wie gewohnt unser `Rechteck`. Dieses übergeben wir dann an den `RechteckLogger`, der den Decorator darstellt und
`InvocationHandler` implementiert. Nun erzeugen wir mit `Proxy.`
`newProxyInstance()` unseren Proxy. Diese Methode benötigt einen
`ClassLoader`, die Angabe der Interfaces, die er vorgibt zu implementieren und
den `InvocationHandler`, an den die Aufrufe delegiert werden.

Es wird hier quasi eine neue Klasse generiert, die alle Methoden der
angegebenen Interfaces implementiert und entsprechende Aufrufe an den
`InvocationHandler` weiterleitet.

Hier nochmal zum Vergleich die bisherige Einbindung des Loggers:

```
IRechteck r = new Rechteck(30, 80);
r = new RechteckLogger(r);
```

Im Folgenden sehen Sie schließlich unseren neuen `RechteckLogger`:

```java
public class RechteckLogger implements InvocationHandler {

    private IRechteck base;

    public RechteckLogger (IRechteck base) {
        this.base = base;
    }

    private Method getGetter(String name) {

        String getname = "get" + name;
        String isname = "is" + name;

        for (Method method :
                base.getClass().getMethods()) {
            if (   method.getName().equals(getname)
               || method.getName().equals(isname)) {
               return method;
            }
        }

        return null;
    }

    public Object invoke(Object proxy, Method method,
                        Object[] args) throws Exception {

        if (method.getName().startsWith("set")) {
            String fname = method.getName().substring(3);
            Method getter = getGetter(fname);

            Object oldValue = getter.invoke(base);
            method.invoke(base, args);
            Object newValue = getter.invoke(base);

            if (!newValue.equals(oldValue)) {
                System.out.println(fname + " von '"
                  + oldValue + "' auf '"
                  + newValue + "' geändert.");
            }
            return null;
        }
        else {
            return method.invoke(base, args);
        }
    }
}
```

Der Dynamic-Proxy delegiert jeden Methodenaufruf an die `invoke()`-Methode unseres `InvocationHandlers`. Dabei wird das Proxy-Objekt selbst übergeben. So ließe sich ein `InvocationHandler` für mehrere Proxies verwenden und die Aufrufe könnten je nach Proxy unterschieden werden. Der zweite Parameter ist die auf den Proxy angewendete Methode „kodiert" per `Method`-Instanz. Die weiteren Parameter beinhalten die Methodenargumente.

Das ist also dann der besagte generische Aufruf, mit dem wir Getter und Setter generisch implementieren können. Wenn der Methodenname mit „set" beginnt, nehmen wir an, dass es sich dabei um eine set-Methode handelt. Wir gehen zudem davon aus, dass der auszugebende Attributname der Name des Setters ohne das Präfix „set" ist und dass eine zugehörige get-Methode mit „get" oder „is" beginnt. Gerade Methoden, die einen bool'schen Wert zurückgeben, beginnen meist mit „is".

Den Getter rufen wir dann auf, um den `oldValue` zu gewinnen. Anschließend rufen wir den Setter auf und dann nochmal den Getter, um den `newValue` zu erhalten. Unterscheiden sich beide Werte, so geben wir die Änderung auf der Konsole aus.

Zum Vergleich hier nochmals die „klassische" Implementierung der Methode `setBreite()` unseres `RechteckLoggers`:

```
public void setBreite(int breite) {
   int oldBreite = getBreite();
   base.setBreite(breite);
   int newBreite = getBreite();

   if (oldBreite != newBreite) {
      System.out.println("Breite von " +
         + oldBreite + " auf "
         + newBreite + " geändert.");
   }
}
```

Ändert sich mit unserem neuen Logger eine `Rechteck`-Eigenschaft, müsste der Logger selbst nicht mehr angepasst werden. Redundanz reduziert! Eigentlich aber haben wir noch viel mehr gewonnen. Unser `RechteckLogger` hat mit einem konkreten `Rechteck` nur noch wenig gemeinsam.

Mit wenigen Änderungen können wir ihn als Logger für beliebige *Entity-Klassen* verwenden. So nennt man Klassen, die primär der Datenhaltung dienen und auf deren Eigenschaften typischerweise per get/set-Methoden zugegriffen werden. Wir ändern also den Typ des zu dekorierenden Objekts von `IRechteck` auf `Object` und ändern passenderweise noch den Klassennamen von `RechteckLogger` auf `EntityLogger`. Den geänderten Teil unseres Loggers sehen Sie hier:

```
public class EntityLogger implements InvocationHandler {

   private Object base;

   public RechteckLogger (Object base) {
      this.base = base;
   }
   ...

}
```

Dieses Loggen ist interessant. Will man es als eine Einheit verstehen und die Umsetzung syntaktisch kapseln, stellt man fest, dass es quer zu allem anderen steht. Die Umsetzung muss über das andere gestreut werden. Loggen ist eine sog. *Querschnittsfunktion* bzw. ein *Aspekt*.

Man kann es auch so formulieren: Das Loggen hat eine andere Granularität als eine konkrete Entity-Klasse.

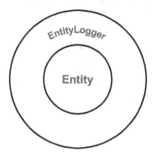

Was wir geschaffen haben, erinnert an den Pfirsich von Abschn. 3.2. Der Aufruf einer Entity-Methode führt über eine `EntityLogger`-Methode. Es ist nur jetzt so, dass es sich bei einer Entity um eine bestimmte Entity handelt, aber es *einen* `EntityLogger` für *alle* Entitys gibt. `EntityLogger` und `Entity` stehen im Allgemeinen in einer 1-zu-viele-Beziehung, ähnlich wie ein Typ bzw. eine Klasse und ihre Instanzen.

Java-Reflection und Dynamic-Proxy unterstützten uns, den Aspekt einmal umsetzen zu können und nicht pro Entity programmieren zu müssen. Der Beitrag der Java-Reflection ist dabei, dass sie von einem Objekt auf Typinformationen schließen lässt (z. B. mit `Class.getMethod()`) und über die Typinformation wiederum Objektverhalten beeinflusst werden kann (z. B. mit `Method.invoke()`). Der Beitrag des Dynamic-Proxys erlaubt die Umleitung von einem konkreten in ein generisches Interface, also von einer konkreten Entity-Schnittstelle zu `InvocationHandler.invoke()`.

Und wie beurteilen wir nun unsere dritte Logger-Version? Nun, das Redundanzproblem wäre behoben, allerdings hat die Lösung ihren Preis. Sie geht nämlich auf Kosten der Typsicherheit. Wir haben statische Typsicherheit gegen dynamische Typsicherheit getauscht. Entsprechende Fehler tauchen damit nicht mehr früh zur Übersetzungszeit durch Compilerfehler auf, sondern erst spät zur Laufzeit durch Exceptions.

So musste in unserer zweiten Version unser Decorator namens `KundeLogger` das Interface `IKunde` implementieren, welches auch die Klasse `Kunde` selbst implementiert. Hätten wir hier eine Methode vergessen oder den Namen falsch geschrieben oder uns vertippt, hätte uns der Compiler darauf hingewiesen, dass das Interface nicht vollständig implementiert ist. Demgegenüber arbeiten wir in unserer dritten, generischen Version eines `EntityLoggers` mit Namenskonventionen. Wir nehmen an, dass set-Methoden mit „set" beginnen.

Wir nehmen an, dass es zugehörige get-Methoden gibt, die mit „get" oder „is"
beginnen. Wir nehmen an, dass eine set-Methode einen Parameter hat, der
kompatibel zum Rückgabetyp einer entsprechenden, parameterlosen get-Methode
ist. Folgt der Code nicht diesen Konventionen; erhalten wir einen Fehler erst
zur Laufzeit und auch nur dann, wenn ein solcher Problemfall zur Ausführung
kommt.

Wir sind auf ein Problem gestoßen, mit dem die reine objektorientierte
Programmierung überfordert ist. Adressiert wird dieses durch die sog. *Aspektorientierte Programmierung (AOP),* also die Berücksichtigung von Querschnitts-
belangen wie Logging. Im Allgemeinen können auch mehrere Aspekte relevant
sein. Unser Pfirsich wird dann eher eine (vielschichtige) Zwiebel.

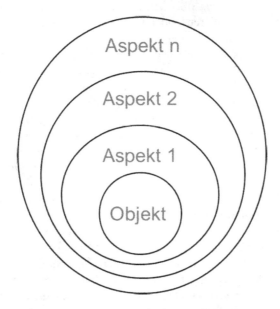

Objektorientierung bzw. Datenkapselung ist demnach Obst, Aspektorientierung
ist Gemüse. Beide widersprechen sich nicht, sondern erganzen sich vielmehr.
Sowohl bzgl. der beiden Programmierparadigmen Objektorientierung und Aspektorientierung als auch bzgl. Obst und Gemüse. Was Aspektorientierung adressiert,
kann man auch als Kommunikation 2. Ordnung bezeichnen. Sehen Sie sich dazu
folgende Abbildung an:

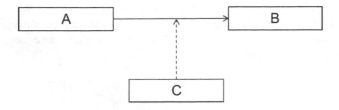

Wenn eine Methode A eine Methode B benötigt, kann sie sie schlicht anwenden. An Kommunikation 2. Ordnung wäre Methode C interessiert, die keine bestimmte Methode anwenden will, sondern bei einer Kommunikation, eben zwischen A und B, berücksichtigt werden möchte. C ist nicht an einer bestimmten Methode interessiert, sondern an einer Kommunikation zwischen Methoden. Z. B. möchte der Logger aufgerufen werden, wenn eine beliebige Kommunikation zu einer Entity stattfindet.

Um Aspektorientierung zu unterstützen, muss quasi Kommunikation gekapselt werden, insb. um Generisches und weniger Generisches zusammenzuführen. Dafür gibt es mehrere Möglichkeiten. So kann dies beispielsweise durch eine Programmiersprache unterstützt werden. Denken Sie nur an unser Beispiel des Loggens von Setter-Aufrufen. Es wäre denkbar, dass wir einen solchen Logging-Aspekt programmieren und eine Programmiersprache es dann erlaubt, ihn überall dort zu berücksichtigen, wo wir es als sinnvoll erachten. Java kann so etwas nicht, aber es gibt eine aspektorientierte Erweiterung von Java, nämlich *AspectJ* (siehe z. B. [1]), die genau das unterstützt. Man kann sich das ein bisschen wie Vererbung vorstellen, nur umgekehrt. Während eine Unterklasse angibt, von welcher Oberklasse sie Funktionalität übernehmen möchte, ist ein Aspekt etwas, das sich von außen selbst hinzufügt. Eine aspektorientierte Spracherweiterung zu einer objektorientierten Sprache wäre also eine Möglichkeit zur Realisierung der Aspektorientierung. Wohl weniger integrativ, dennoch eine Option wäre die Verwendung externer Codegeneratoren. Im Grunde genommen ist ja auch ein AspectJ-Compiler, der den Aspektcode in das „normale" Java-Programm einflechtet, ein Codegenerator. Denglischerweise spricht man hierbei von *weaven*. Man würde mit diesem Ansatz – oder wenn man beide Fälle unterscheiden möchte, mit diesen Ansätzen –, Aspekte zur Übersetzungszeit einflechten. Dies bietet das größte Potenzial, bei der Programmierung Redundanz zu minimieren und dabei statische Typsicherheit zu gewährleisten. Unsere Dynamic-Proxy-Lösung hat gerade bei Letzterem klare Schwächen. Ein dynamisches Einbinden von Aspekten ist aber per se nichts Schlechtes. Es kann ja gerade sein, dass die Relevanz eines Aspekts erst zur Laufzeit entschieden wird.

Für die dynamische Einflussnahme auf die Kommunikation bzw. die dynamische Berücksichtigung von Aspekten, ist es empfehlenswert, dies möglichst einheitlich zu tun. Je uneinheitlicher bzw. heterogener Dinge umgesetzt werden, desto inkompatibler im Zusammenspiel sind sie und das bedeutet Zusatzaufwand, um sie doch in Einklang zu bringen. Bei Änderungen gibt es wiederum Mehraufwand und es besteht die Gefahr von Inkonsistenz. Es bedeutet Redundanz.

Ein ganzheitlicher, homogener Ansatz wäre die *eventbasierte Programmierung*. Wir rufen nicht einfach Methoden auf, um zu kommunizieren, sondern erzeugen Event-Objekte. Entsprechende Event-Klassen sollten eine gemeinsame Schnittstelle implementieren. Hier mein Vorschlag:

```
public abstract class Event {

    private long triggerTime;

    public Event() {
    }

    public Event(long triggerTime) {
        this.triggerTime = triggerTime;
    }

    public long getTriggerTime() {
        return triggerTime;
    }

    public void setTriggerTime(long triggerTime) {
        this.triggerTime = triggerTime;
    }
}
```

Wir erlauben unseren Events die Angabe einer `triggerTime`. Das sei die Zeit in Millisekunden, in der das Ereignis ausgelöst werden soll. So können wir Ereignisse verzögert auslösen und Kommunikation kann verzögert stattfinden – ein dynamischer Aspekt.

Ein spezielles Ereignis bietet zudem die Klasse `Action`:

```
public abstract class Action extends Event {
    abstract void execute();
}
```

Actions sind Events, mit deren Auslösung eben eine Aktion verbunden ist. Es soll also `execute()` aufgerufen werden, sobald das Ereignis eintritt.

Nun bräuchten wir noch eine Klasse, die die Arbeit macht. Eine Klasse, die Actions entgegennimmt, sie also sammelt und zur `triggerTime` – falls vorhanden – oder eben umgehend die `execute()`-Methode aufruft. Derartiges erledigt üblicherweise ein sog. `Scheduler`.

Ich muss Sie vorwarnen: die Implementierung der Klasse `Scheduler` wird wieder etwas komplexer, ähnlich wie das auch bei obigem `InvocationHandler` der Fall war. Ich bitte Sie dabei aber das Große-Ganze nicht aus den Augen zu verlieren: Wir wollen Kommunikation kapseln und damit dynamisch auf sie Einfluss nehmen. Konkret sorgt unser `Scheduler` dafür, dass wir statt einer direkten Ausführung – also direkte Methodenanwendung – diese durch die `triggerTime` verzögern können:

```java
public class Scheduler {

    private List<Event> queue;

    public Scheduler() {
        queue = new ArrayList<>();
    }

    public void add(Event e) {
        queue.add(e);
    }

    public void process() {

        try {
            while (true) {
                long currentTriggerTime =
                                System.currentTimeMillis();
                long nextTriggerTime = 0;

                for (int i = 0; i < queue.size();) {

                    Event event = queue.get(i);

                    if (event.getTriggerTime() >
                                        currentTriggerTime) {

                        if (nextTriggerTime == 0
                            || event.getTriggerTime()
                              < nextTriggerTime) {
                            nextTriggerTime =
                             event.getTriggerTime();
                        }

                        i++;
                    }
                    else {
                        if (event instanceof Action) {
                            Action a = (Action)event;
                            a.execute();
                        }

                        notifyListeners(event);
                        queue.remove(i);
                    }
                }

                long timeout = nextTriggerTime -
                            System.currentTimeMillis();

                if (queue.isEmpty()) {
                    break;
                }
                else if (timeout > 0) {
                    Thread.sleep(timeout);
                }
            }
        }
        catch (InterruptedException ex) {
            throw new RuntimeException(ex);
        }
    }
}
```

Unser Scheduler hat eine `queue` vom Typ `List<Event>`. Eine Queue ist eine Datenstruktur, deren Elemente nach dem FIFO-Prinzip verarbeitet werden. Jenes Element, das als erstes in die Queue kommt, wird auch als erstes wieder herausgenommen und verarbeitet („First in, first out"). Sie kennen das von einer Warteschlange an einer Supermarktkasse: Wer als erstes an die Kasse kommt, kommt auch als erstes dran.

Konkret handelt es sich bei unserer `List` um die bereits bekannte `ArrayList`. Deren Instanziierung geschieht hier in Kurzform mittels sog. Diamond-Operator („`<>`"). Wir schreiben new `ArrayList<>()` statt new `ArrayList<Event>()`. Das ist seit Java 7 möglich. Seither müssen Sie das Typargument nicht mehr angeben, denn es wird implizit das Typargument der Deklaration angenommen.

Befüllt werden kann unsere Queue mit `Events` durch die `add()`-Methode. Unsere Queue wird abgearbeitet durch den Aufruf von `process()`. Nach FIFO geschieht dies dann aber doch nur bedingt, denn zudem wird die `triggerTime` des Ereignisses berücksichtigt. Die statische Methode `System.currentTimeMillis()` liefert uns die aktuelle Zeit in Form der vergangenen Millisekunden seit dem 1.1.1970. In Schleife ermitteln wir zum einen das nächste zukünftige Ereignis – `nextTriggerTime` wird bestimmt – oder aber wir arbeiten die Ereignisse ab, die bereits „fällig" sind. Abarbeiten bedeutet, dass die `execute()`-Methode von `Events` aufgerufen wird, wenn sie `Actions` sind. Ob ein `Event` vom Typ `Action` ist, lässt sich mithilfe des Schlüsselwortes `instanceof` prüfen. Zudem werden alle Ereignisse nach Fälligkeit aus der Queue wieder entfernt. Durch `Thread.sleep(timeout)` wird die Anwendung bis zum `Event` mit der nächsten `triggerTime` angehalten. Genau diese Methode kann ggf. auch eine `InterruptedException` auslösen, weshalb die umschließende try-catch-Klausel notwendig ist.

Zwei Fragen bleiben offen. Einerseits ist merkwürdig, dass wir erlauben, dem `Scheduler` beliebige `Events` hinzuzufügen, obwohl er doch nur mit `Actions` wirklich etwas anfangen kann. Bei einer `Action` wird `execute()` angewendet, wenn sie an der Reihe ist. Hingegen passiert mit einem `Event`, welches keine `Action` darstellt, nichts außer, dass es eben aus der Ereigniswarteschlange wieder herausgenommen wird. Andererseits wird generell für ein Event `notifyListeners()` aufgerufen. Diese Methode existiert in der Klasse Scheduler aber gar nicht.

Beide Punkte lassen sich damit beantworten, dass die Klasse `Scheduler` noch nicht fertig ist. Wir wollen sie um die Funktionalität ergänzen, die es ermöglicht, sich für das Auslösen von Ereignissen eines bestimmten Typs benachrichtigen zu lassen. Wir wollen die Registrierung sog. `EventListener` erlauben. Damit können wir dann z. B. auch ausgelöste Ereignisse loggen.

Sie sehen hier zunächst das Interface `EventListener`, welches eine Klasse implementieren muss, um über das Auslösen eines Ereignisses informiert zu werden:

```
public interface EventListener<T extends Event> {
    void update(T event);
}
```

Das Interface stellt einen parametrisierten Typ dar. Allerdings ist das Typargument eingeschränkt. Es muss ein Typ sein, der Event ist oder von Event abgeleitet ist.

Es folgen die Ergänzungen der Klasse Scheduler, sodass EventListener unterstützt werden:

```
public class Scheduler {

    ...
    private Map<Class<? extends Event>,
                List<EventListener<? extends Event>>>
            listeners;

    public Scheduler() {
        ...
        listeners = new HashMap<>();
    }

    public <T extends Event> void addListener(
        Class<T> eventClass, EventListener<? super T>
            listener) {

        if (!listeners.containsKey(eventClass)) {
            listeners.put(eventClass, new ArrayList<>());
        }

        List<EventListener<? extends Event>> list =
            listeners.get(eventClass);
        list.add(listener);
    }

    private <T extends Event> void notifyListeners(T event) {

        Class<?> cls = event.getClass();

        do {
            List<EventListener<? extends Event>>
                elisteners = listeners.get(cls);

            if (elisteners != null) {

                for (EventListener<? extends Event>
                    listener : elisteners) {
                    EventListener<T> l = (EventListener<T>) listener;

                    l.update(event);
                }
            }

            cls = cls.getSuperclass();
        }
        while (!cls.equals(Event.class.getSuperclass()));
    }

    ...
}
```

Solche Beobachter von `Events` werden durch das Attribut `listeners` gespeichert. Hierbei handelt es sich um eine `Map`, deren Key den Event-Typ bestimmt und deren Value eine Liste der interessierten Listener-Instanzen darstellt. Durch `addListener()` kann eine solche registriert werden. Der zweite Parameter vom Typ `EventListener<? super T>` fordert, dass es ein `EventListener` von `T` oder eines beliebigen Obertyps von `T` sein muss, wobei `T` wiederum ein Untertyp von `Event` sein muss oder eben `Event` selbst. `T` ist der eigentliche Ereignistyp und mit dieser Konstellation ist sichergestellt, dass der Listener in der Lage ist, die `Events` des registrierten Event-Typs zu konsumieren.

Die Methode `notifyListeners()` ist jene Methode, die oben bereits in `process()` aufgerufen wurde, um unsere `EventListener` über das Auslösen eines bestimmten `Events` zu benachrichtigen. Sie erlaubt es zudem benachrichtigt zu werden, wenn die Registrierung für einen Obertyp eines konkreten `Events` erfolgt. Stellen Sie beispielsweise einen `EventListener` für `Events` im Allgemeinen bereit, wird dieser auch über alle `Events` – auch von konkreterem Typ – informiert.

Nun ist der Scheduler fertig und wir können ihn ausprobieren. Zunächst definieren wir zwei Action-Klassen:

```
class HelloWorldAction extends Action {

    public void execute() {
        System.out.println("Hello World!");
    }
}

class GoodByeWorldAction extends Action {

    public void execute() {
        System.out.println("Good Bye World!");
    }
}
```

Wir definieren eine `HelloWorldAction`, welche „Hello World!" auf der Konsole ausgibt, wenn sie ausgelöst wird und wir definieren eine `GoodByeWorldAction`, welche „Good Bye World!" ausgibt. Des Weiteren definieren wir exemplarisch auch zwei `EventListener`:

```
class HelloWorldActionHandler
        implements EventListener<HelloWorldAction> {

    public void update(HelloWorldAction event) {
        System.out.println("HelloWorldAction triggered");
    }
}

class EventHandler implements EventListener<Event> {

    public void update(Event event) {
        System.out.println("Event triggered");
    }
}
```

Es soll der `HelloWorldActionHandler` protokollieren, dass das entsprechende Ereignis ausgelöst wird und `EventHandler` soll über das Auslösen aller Events informieren. Die eigentliche Anwendung sehen Sie in folgendem Code-Listing:

```java
public class Main {

    public static void main(String[] args) {

        Scheduler scheduler = new Scheduler();

        scheduler.addListener(HelloWorldAction.class,
                        new HelloWorldActionHandler());
        scheduler.addListener(Event.class,
                        new EventHandler());

        scheduler.add(new HelloWorldAction());
        scheduler.add(new HelloWorldAction());
        Action a = new HelloWorldAction();
        a.setTriggerTime(System.currentTimeMillis() + 1000);
        scheduler.add(a);

        scheduler.add(new GoodByeWorldAction());
        scheduler.add(new GoodByeWorldAction());

        a = new GoodByeWorldAction();
        a.setTriggerTime(System.currentTimeMillis() + 2000);
        scheduler.add(a);

        scheduler.process();
    }
}
```

Diese führt dann zu folgender Ausgabe:

```
Hello World!
HelloWorldAction triggered
Event triggered
Hello World!
HelloWorldAction triggered
Event triggered
Good Bye World!
Event triggered
Good Bye World!
Event triggered
Hello World!
HelloWorldAction triggered
Event triggered
Good Bye World!
Event triggered
```

Jene `HelloWorldAction` und jene `GoodByeWorldAction`, die mit einer `triggerTime` versehen sind, werden als letztes ausgeführt, nachdem die entsprechende Zeit verstrichen ist; also nach 1000 ms bzw. 2000 ms. Es sei zudem darauf hingewiesen, dass der `EventListener` bei allen Events benachrichtigt wird, also sowohl bei einer `HelloWorldAction` als auch bei einer `GoodByeWorldAction`.

Sie erinnern sich an unser Bestreben, das Loggen von Setter-Methoden bei Entity-Klassen zu kapseln? Wir können uns durch die Eventverarbeitung als Listener registrieren und dadurch eben solches Loggen gekapselt durchführen. Statt direkter Methodenanwendung müssen wir nun aber mit Event-Objekten hantieren. Demgegenüber können wir die Kommunikation so beliebig anreichern, also beliebig beeinflussen – und das zur Laufzeit.

Kritisieren könnte man im Sinne von Separation-of-Concerns auch noch, dass unser `Scheduler` dann doch zu viel auf einmal erledigt. Zum einen sammelt er Actions in einer Queue und bringt diese zur Ausführung und zum anderen benachrichtigt er über die Verarbeitung von Events. Klassischerweise würde man ersteres als Funktion eines Schedulers bezeichnen und letzteres als Funktion eines Event-Dispatchers. Wir könnten letzteres also auslagern in eine separate Klasse. Beide Klassen wären Ereignisverarbeiter oder „Event-Processors", wobei dann bei diesen die Möglichkeit bestehen müsste, sie in Reihe zu schalten. Das bedeutet, dass ein Event-Processor nach getaner Arbeit die Ereignisbehandlung an ein oder mehrere Folge-Event-Processors weiterdelegieren können sollte. Auf diese Art bildet sich dann ein *Event-Processing-Network*. Events werden durch verschiedene Ereignisquellen erzeugt, in ein Event-Processing-Network eingespeist und durch einzelne miteinander vernetzte Event-Prozessoren verarbeitet.

Weitere Event-Prozessoren wären zu definieren. Das bleibt Ihnen überlassen. Denken Sie nur dran: Wann immer Sie nicht direkt kommunizieren wollen, sondern an der Kommunikation anderer interessiert sind, reichen Ihnen die Mittel Objektorientierter Programmierung nicht aus und Sie sollten Ideen der Aspektorientierten Programmierung in Erwägung ziehen.

7.1 Grundelemente der Programmierung

7.1.1 Aufgaben

1. Welchen Wert enthält die Variable y nach der Abarbeitung dieser Anweisung:

   ```
   double y = 5 / 3;
   ```

2. Schreiben Sie ein Programm, das die Werte zweier Variablen x und y untereinander vertauscht.

3. Schreiben Sie ein Programm, das eine quadratische Gleichung löst. Die allgemeine Formel zur Lösung quadratischer Gleichungen lautet:

$$x_{1,2} = \frac{-b \pm \sqrt{b^2 - 4ac}}{2a}$$

   (Hinweis: Zur Wurzelberechnung kann man in Java die Funktion Math.sqrt() verwenden.)

4. Schreiben Sie eine Anwendung, welche eine Liste aller Primzahlen von 1 bis 1000 ermittelt und diese auf der Konsole ausgibt. (Hinweis: Der Modulo-Operator („%") ist hierbei hilfreich. Dadurch ermittelt man den Rest einer Division, also z. B. 7 % 3 ergibt 1)

5. Schreiben Sie ein Programm, das zwei Zahlen von der Konsole (in beliebiger Reihenfolge) einliest, dann die Summe aller Zahlen von der kleineren bis zur größeren Zahl ausrechnet und das Ergebnis wiederum auf der Konsole ausgibt. Werden also z. B. die Zahlen 5 und 3 eingelesen, soll als Ergebnis 12 ausgeben werden, da 3+4+5=12. Sie können zum Einlesen der beiden Zahlen folgendes Programmfragment verwenden:

© Springer-Verlag GmbH Deutschland, ein Teil von Springer Nature 2020
C. Silberbauer, *Einstieg in Java und OOP*,
https://doi.org/10.1007/978-3-662-61309-2_7

```
int von, bis;
Scanner sc = new Scanner (System.in);

System.out.print("Zahl1: ");
von = sc.nextInt();

System.out.print("Zahl2: ");
bis = sc.nextInt();
```

6. Implementieren Sie eine Funktion zur Berechnung der Quadratwurzel. Verwenden Sie dazu das Heron-Verfahren, bei dem der gegebene Radikand a als Flächeninhalt eines Quadrates verstanden wird. Um die Seitenlänge des Quadrates zu ermitteln, definiert man zunächst eine beliebige Seitenlänge x (idealerweise möglichst nahe am gesuchten Ergebniswert). Nun berechnet man die fehlende Seite so, dass der Flächeninhalt des dadurch entstandenen Rechtecks wieder a ergibt. Der Folgewert von x wird nun durch das arithmetische Mittel beider Seitenlängen bestimmt. Dies wird so oft wiederholt, bis beide Seiten (fast) gleich lang sind. x ist dann die Wurzel von a. Es ergibt sich folgende Formel:

$$x_{n+1} = \frac{1}{2} * \left(x_n + \frac{a}{x_n} \right)$$

7. Schreiben Sie eine Funktion `ggt()`, die als Parameter zwei `int`-Variablen mit den Namen a und b erhält und aus beiden den größten gemeinsamen Teiler ermittelt (Hinweis: Der GGT ist die größte Zahl, durch die man a und b ganzzahlig teilen kann).

8. Schreiben Sie eine Funktion `kgv()`, die als Parameter zwei `int`-Variablen mit den Namen a und b erhält und aus beiden das kleinste gemeinsame Vielfache ermittelt (Hinweis: Das KGV ist die kleinste Zahl, durch die a und b ganzzahlig teilbar ist).

9. Schreiben Sie eine Funktion zur Berechnung der Quersumme einer Zahl (Hinweis: Die Quersumme ergibt sich aus der Summe der einzelnen Ziffern einer Zahl).

10. Implementieren Sie sowohl eine iterative als auch eine rekursive Funktion zur Berechnung der Fibonacci-Zahl an einer gegebenen Stelle x. Für Fibonacci-Zahlen gilt folgendes Bildungsgesetz:

$$fib(x) = \begin{cases} 0 & \forall x = 0 \\ 1 & \forall x = 1 \\ fib(x-1) + fib(x-2) & \forall x > 1 \end{cases}$$

Daraus ergibt sich diese Folge: 0, 1, 1, 2, 3, 5, 8, 13, 21, 34, 55, 89, 144, 233, 377, ...

11. Im Folgenden ist das sog. *Pascal'sche Dreieck* dargestellt:

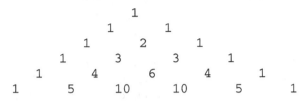

```
                1
            1       1
        1       2       1
      1     3       3       1
    1     4       6       4     1
  1     5     10      10      5     1
```

Ein Wert in dem Pascal'schen Dreieck ergibt sich grundsätzlich aus der Summe der beiden darüberliegenden Werte. Ausnahmen bilden die Spitze des Dreiecks, die immer den Wert 1 annimmt, und die Werte am linken und am rechten Rand des Dreiecks, die nur einen darüberliegenden Wert besitzen und daher lediglich aus diesem abgeleitet sind. Schreiben Sie zunächst eine Funktion `pascal()`, der beim Aufruf als Parameter Zeilen- und Spaltennummer übergeben werden und die den entsprechenden Wert in dem Pascal'schen Dreieck zurückgibt. Versuchen Sie, die Funktion rekursiv zu definieren. Meines Erachtens kommen Sie am leichtesten auf eine Lösung, wenn Sie sie sich diese anhand der folgenden Darstellung überlegen, und nicht anhand der obigen (zentrierten):

```
1
1   1
1   2   1
1   3   3   1
1   4   6   4   1
1   5   10  10  5   1
```

Haben Sie eine funktionierende `pascal()`-Funktion implementiert, erzeugen Sie in der `main()`-Funktion ein vollständiges Dreieck unter Verwendung der `pascal()`-Funktion.
(Hinweis: Um Zahlen rechtsbündig auszugeben, empfiehlt sich die Funktion `System.out.printf()`. Mit folgender Anweisung geben Sie beispielsweise den Wert der int-Variablen x rechtsbündig in einem Bereich von 8 Stellen aus:
`System.out.printf("%8d", x);`
Weitere Informationen zur `printf()`-Funktion finden Sie in der Java-Dokumentation).

12. Schreiben Sie eine Funktion, die eine gegebene Dezimalzahl als Binärzahl auf der Konsole ausgibt. Die Umrechnung von Dezimal- in Binärzahlen veranschaulicht folgendes Beispiel:

$$44 : 2 = 22 \text{ Rest } \mathbf{0}$$
$$22 : 2 = 11 \text{ Rest } \mathbf{0}$$
$$11 : 2 = 5 \text{ Rest } \mathbf{1}$$
$$5 : 2 = 2 \text{ Rest } \mathbf{1}$$
$$2 : 2 = 1 \text{ Rest } \mathbf{0}$$
$$1 : 2 = 0 \text{ Rest } \mathbf{1}$$

Die jeweiligen Reste werden umgekehrt zusammengefügt. 44 dezimal ergibt demnach 101100 in Binärdarstellung.

(Hinweis: Eine rekursive Lösung bietet sich hier an).

13. Erweitern Sie Aufgabe 4 dahin gehend, dass die Primzahlen von 1 bis 1000 in einem Array gespeichert werden und dieser Array dann auf der Konsole ausgegeben wird. Beachten Sie, dass von vornherein nicht bekannt ist, wie viele Primzahlen es von 1 bis 1000 gibt. Der Array muss groß genug sein, um alle Primzahlen zu fassen. Die Primzahlen zweimal zu ermitteln, sie also erst zu zählen und dann den Array zu füllen, ist ineffizient. Der Array sollte auch nicht zu groß (z. B. Länge = 1000) definiert werden. Dabei würde unnötig Speicher verschwendet werden. Gehen Sie daher einen Kompromiss zwischen maximaler Performance und minimaler Speicherbelastung ein.

14. Zeigen Sie, dass man Verzweigungen auch mithilfe von Schleifen darstellen kann.

7.1.2 Lösungen

Aufgabe 1:

Die Variable y enthält den Wert 1.0. Entsprechend den Prioritäten der beteiligten Operatoren „/" und „=" wird erst die Division und anschließend die Zuweisung durchgeführt. Die Division hat zwei ganzzahlige Operanden, daher liefert sie das ganzzahlige Ergebnis 1. Der Wert 1 wird nun zunächst (implizit) in die Gleitkommazahl 1.0 umgewandelt und anschließend der Variablen y zugewiesen. Zum Thema *Typumwandlung* erfahren Sie später mehr im entsprechenden Exkurs.

Aufgabe 2:

```java
public static void main(String[] args) {

    int x = 3;
    int y = 5;
                    // vorher: 3, 5
    System.out.println("vorher: " + x + ", " + y);
    int h = x;
    x = y;
    y = h;
                    // nachher: 5, 3
    System.out.println("nachher: " + x + ", " + y);
}
```

Aufgabe 3:

```java
public static void main(String[] args) {

    double a = 0.5;
    double b = -3.0;
    double c = 2.5;

    double x1, x2;

    x1 = (-b + Math.sqrt(b*b-4*a*c)) / (2*a);
    x2 = (-b - Math.sqrt(b*b-4*a*c)) / (2*a);

    System.out.println(x1 + "," + x2); // 5.0, 1.0
}
```

Aufgabe 4:

```java
public static void main(String[] args) {
    for (int i = 2; i < 1000; i++) {
        boolean isprim = true;

        for (int j = 2; j <= Math.sqrt(i); j++) {
            if (i % j == 0) {
                isprim = false;
                break;
            }
        }

        if (isprim) System.out.println(i);
    }
}
```

Aufgabe 5:

```java
public static void main(String[] args) {

    int von, bis, h, summe = 0;

    // 1. Zahlen einlesen
    Scanner sc = new Scanner(System.in);

    System.out.print("Zahl1: ");
    von = sc.nextInt();
    System.out.print("Zahl2: ");
    bis = sc.nextInt();

    // 2. Zahlen ggf. vertauschen
    if (von > bis) {
        h = von;
        von = bis;
        bis = h;
    }

    // 3. Zahlen aufaddieren
    while (von <= bis) {
        summe = summe + von;
        von = von + 1;
    }

    // 4. Summe ausgeben
    System.out.println("Summe: " + summe);
}
```

Aufgabe 6:

```java
public static double wurzel(double a) {

    double x = 1.0; // irgend ein Startwert...
    double oldx;

    do {
        oldx = x;
        x = 0.5 * (x + a/x);
    }
    while (x != oldx);

    return x;
}

public static void main(String[] args) {
    System.out.println(wurzel(2)); // 1.4142135623730
}
```

Aufgabe 7:

Nachfolgende Lösung zeigt den sog. Euklid'schen Algorithmus zur Bestimmung des größten gemeinsamen Teilers zweier Zahlen:

```
public static int ggt(int x, int y) {

    while (y != 0) {
        int h = y;
        y = x % y;
        x = h;
    }
    return x;
}

public static void main(String[] args) {
    System.out.println(ggt(15,21)); // 3
}
```

Übrigens gibt es für den Euklid'schen Algorithmus auch eine sehr elegante rekursive Lösung:

```
public static int ggtRek(int x, int y) {
    if (y == 0) return x;
    else        return ggtRek(y, x % y);
}
```

Aufgabe 8:

```
public static int kgv(int x, int y) {
    return x * y / ggt(x, y);
}

public static void main(String[] args) {
    System.out.println(kgv(6,21)); // 42
}
```

Aufgabe 9:

```
public static int quer(int x) {

    int quer = 0;

    while (x > 0) {
        quer = quer + x % 10;
        x = x / 10;
    }

    return quer;
}

public static void main(String[] args) {
    int zahl = 1234;
    System.out.println("Quersumme aus " + zahl +
                       " ist " + quer(zahl));
    // Quersumme aus 1234 ist 10
}
```

Aufgabe 10:

Iterative Lösung:

```java
public static int fib(int x) {

    if (x == 1) return 1;

    int fib = 0;
    int last2 = 0;
    int last1 = 1;
    for (int i = 1; i < x; i++) {
        fib = last1 + last2;
        last2 = last1;
        last1 = fib;
    }

    return fib;
}
```

Rekursive Lösung:

```java
public static int fib(int x) {
    if (x == 0 || x == 1) return x;
    return fib(x - 1) + fib(x - 2);
}
```

Aufgabe 11:

```java
public static int pascal(int z, int s) {

    if (z < 0 && s < 0) return 1;
    if (z < 0 || s < 0) return 0;

    return pascal(z-1, s-1) + pascal(z-1, s);
}

public static void main(String[] args) {

    int n = 6;

    for (int i = 0; i < n; i++) {

    for (int j = 0; j < (n - i - 1); j++)
        System.out.printf("%4s", "");

    for (int j = 0; j < i + 1; j++)
        System.out.printf("%8d", pascal(i,j));

    System.out.println();
    }
}
```

Beachten Sie, dass die `pascal()`-Funktion zwar sehr nett aussieht, aber nicht besonders performant arbeitet. Sie macht mehr rekursive Funktionsaufrufe, als notwendig wären. Sie haben bestimmt eine bessere Lösung!

Aufgabe 12:

```java
public static void binaer(int x) {
    int q = x / 2;
    int r = x % 2;
    if (q > 0) binaer(q);
    System.out.print(r);
}

public static void main(String[] args) {
    binaer(44); // 101100
}
```

Aufgabe 13:
Hier werden gleich zwei Lösungsalternativen vorgestellt. Beide Ansätze verwenden die folgende Funktion zur Ermittlung der jeweils nächsten Primzahl. Der entsprechende Algorithmus ist aus dem Lösungsvorschlag von Aufgabe 3 abgeleitet.

```java
public static int getNextPrim(int i) {

    for (; i < 1000; i++) {
        boolean isprim = true;

        for (int j = 2; j <= Math.sqrt(i); j++) {

            if (i % j == 0) {
                isprim = false;
                break;

            }
        }

        if (isprim) return i;
    }

    return 0;   // keine weitere Primzahl gefunden...
}
```

Lösungsalternative 1:
Wir legen die Länge des Arrays auf 500 fest, da außer der 2 keine gerade Primzahl
existiert. Wir wissen also, dass mindestens die Hälfte aller Zahlen von 1 bis 1000
keine Primzahlen sind und wir somit für diese Zahlen auch keinen Speicherplatz
reservieren müssen.

```java
public static void main(String[] args) {

    int[] arr = new int[500];
    int n = 0;// Anzahl bislang gefundener Primzahlen

    // Primzahlen ermitteln
    for (int i = 2; i < 1000; i++) {
        i = getNextPrim(i);
        if (i != 0) arr[n++] = i;
        else break;
    }

    // Primzahlen ausgeben
    for (int i = 0; i < n; i++) {
        System.out.println(arr[i]);
    }
}
```

Lösungsalternative 2:
Unsere zweite Lösungsalternative ist die interessantere von beiden. Wir verwenden hier eine rekursive Funktion `getPrimList()`. Sie ermittelt je
Funktionsinstanz die nächste Primzahl ab der Zahl `i`. Erst nachdem die letzte
Primzahl ermittelt wurde, wird der Array mit der exakt notwendigen Länge
angelegt. Wir müssen daher nicht abschätzen, wie viele Primzahlen wir ermitteln
werden, sondern wir kennen die exakte Anzahl. Beim Abbau des Funktionsstacks
werden die ermittelten Primzahlen in umgekehrter Reihenfolge dann sukzessive in
den Array geschrieben.

```java
public static int[] getPrimList(int i, int n) {

    for (; i < 1000; i++) {

        // nächste Primzahl ermitteln
        i = getNextPrim(i);

        // Abbruch nach letzter Primzahl
        if (i == 0) break;

        // rekursiver Aufruf!
        int[] arr = getPrimList(i+1,n+1);

        // in umgekehrter Reihenfolge wird der Array
        arr[n] = i;

        // mit den ermittelten Primzahlen befüllt.
        return arr;
    }

    return new int[n];
        // erst wenn die letzte Primzahl ermittelt
        // wurde, wird der Array mit der passenden
        // Länge angelegt.
}

public static void main(String[] args) {

    int[] arr = getPrimList(2, 0);

    for (int i = 0; i < arr.length; i++) {
        System.out.println(arr[i]);
    }
}
```

Dieser Algorithmus ist nahe verwandt mit den *Backtracking-Algorithmen*. Sie sind oft rekursiv implementiert. Bei immer tieferer Verschachtelung wird die Lösung nach und nach ermittelt, beim Abbau des Funktionsstacks wird die gefundene Lösung festgehalten. Typische Probleme, die mit Backtracking-Algorithmen gelöst werden können, sind das Kürzeste-Wege-Problem, das Acht-Damen-Problem oder das Finden des Weges aus einem Labyrinth.

Aufgabe 14:

```java
boolean isDone = false;

while (/* Bedingung */ && !isDone) { // "!" heißt "NOT"
    // Anweisungen, wenn Bedingung wahr (if-Zweig)
    isDone = true;
}
while (!/* Bedingung */ && !isDone) {
    // Anweisungen, wenn Bedingung falsch (else-Zweig)
    isDone = true;
}
```

Die Bool'sche Variable `isDone` stellt fest, ob der `if`-Zweig oder der `else`-Zweig bereits abgearbeitet wurden. Sie verhindert zum einen, dass eine der beiden Schleifen mehr als einmal ausgeführt wird und stellt zum anderen sicher, dass der `else`-Zweig nur dann abgearbeitet wird, wenn der `if`-Zweig zuvor noch nicht ausgeführt wurde. Es ist wichtig, eine zusätzliche Variable wie isDone dafür zu haben, da sich durch die Abarbeitung des `if`-Zweiges die Parameter der eigentlichen Bedingung der „`if`-Anweisung" derart geändert haben könnten, dass auch eine Abarbeitung des else-Zweigs herbeigeführt werden würde.

7.2   Objektorientierte Programmierung

7.2.1 Aufgaben

Im Folgenden wird eine ganzheitliche Aufgabe zur Entwicklung einer objektorientierten Lösung für eine einfache Lohn- und Gehaltsabrechnung gestellt. Die einzelnen Aufgaben bauen aufeinander auf und sollten daher sukzessiv bearbeitet werden.

1. Definieren Sie eine Klasse `Mitarbeiter`. Ein Mitarbeiter besitzt eine eindeutige Nummer (`id`) und einen Namen (`name`). Die ID des Mitarbeiters soll durch die Klasse selbst fortlaufend nummeriert werden. Der erste Mitarbeiter hat also die ID 1, der zweite Mitarbeiter die ID 2 usw. Fügen Sie der Klasse sinnvolle `get`- und `set`-Methoden hinzu und definieren Sie zudem eine `toString()`-Methode, die die ID und den Mitarbeiternamen als String zurückliefert.
2. Schreiben Sie eine Klasse `PersonalVerwaltung`. Diese Klasse hat eine Mitarbeiterliste (`mitarbeiterListe`, Typ: `ArrayList <Mitarbeiter>`). Sie hält Methoden zum Hinzufügen und zum Entfernen von Mitarbeitern bereit. Außerdem benötigt sie eine Methode `listMitarbeiter()`, um alle Mitarbeiter auf der Konsole aufzulisten.
3. Fügen Sie der Klasse `PersonalVerwaltung` eine Methode `sortMitarbeiter()` hinzu. Diese Methode soll die Mitarbeiter mittels Bubblesort (s. Abschn. 2.4. *Arrays*) sortieren. Zu diesem Zweck muss in der Klasse `Mitarbeiter` eine Methode `boolean istKleiner (Mitarbeiter    m)` hinzugefügt werden. Sie ist von Bubblesort zu verwenden, um die Rangfolge unter den Mitarbeitern zu erkennen. Die `istKleiner()`-Methode soll dazu führen, dass die Mitarbeiter alphabetisch nach ihren Namen sortiert werden.
4. Implementieren Sie die abstrakte Klasse `Abrechnung` und ihre beiden Unterklassen `LohnAbrechnung` und `GehaltsAbrechnung` nach folgendem Grundriss:

```
public abstract class Abrechnung {

    private int periode;
    private Mitarbeiter mitarbeiter;

    public Abrechnung(int periode, Mitarbeiter m)
                                       { ... }
    public int getPeriode() { ... }
    public Mitarbeiter getMitarbeiter() { ... }
    public abstract double getVerdienst();
    public String toString() { ... }
}


public class GehaltsAbrechnung extends Abrechnung {

    private double gehalt;

    public GehaltsAbrechnung(int periode,
                       Mitarbeiter m,
                       double gehalt) { ... }
    public double getVerdienst() { ... }
}

public class LohnAbrechnung extends Abrechnung {

    private double stundenLohn;
    private double anzahlStunden;

    public LohnAbrechnung(int periode,
                       Mitarbeiter m,
                       double stundenlohn,
                       int stunden) { ... }
    public double getVerdienst() { ... }
}
```

Sowohl Lohn- als auch Gehaltsabrechnung erfolgen in einer Abrechnungsperiode (in der Regel eine fortlaufend durchnummerierte Periodennummer) und
referenzieren einen Mitarbeiter. Die abstrakte Methode getVerdienst() in
der Klasse Abrechnung gibt in dem konkreten Fall den Verdienst eines Mitarbeiters in der entsprechenden Periode zurück. Bei einer Gehaltsabrechnung
ist dies das Gehalt, bei einer Lohnabrechnung ist es das Produkt aus Stunden-
lohn und Anzahl der geleisteten Stunden. Die toString()-Methode in
Abrechnung soll die Periodennummer, den Namen des Mitarbeiters und den
Verdienst als String zurückgeben (Hinweis: Verwenden Sie für letzteres die
getVerdienst()-Methode)
5. Erweitern Sie die Klasse PersonalVerwaltung dahin gehend, dass analog zu den Mitarbeitern auch Abrechnungen hinzugefügt und entfernt werden
   können, und schreiben Sie eine Methode listAbrechnungen(), welche alle
   Abrechnungen einer bestimmten Abrechnungsperiode auf der Konsole ausgibt.

6. Java bietet zum Sortieren die statische Methode `Collections. sort()`.
   Verwenden Sie diese zum Sortieren der Mitarbeiterliste, sodass Sie auf Ihre
   eigene Bubblesort-Implementierung verzichten können. Damit dies funktioniert,
   muss die Klasse Mitarbeiter das generische Interface `Comparable`
   `<Mitarbeiter>` implementieren. Es ist demnach eine Methode `int`
   `compareTo (Mitarbeiter m)` erforderlich, deren Rückgabewert sich
   im Prinzip verhält wie die `compareTo()`-Methode der Klasse String (siehe
   Exkurs *Zeichenketten*). Arbeiten Sie ggf. mithilfe der Java-Dokumentation. Im
   Anschluss können Sie die `ist Kleiner()`-Methode löschen, da sie quasi
   durch die `compare To()`-Methode ersetzt wird.
   Sie können am Ende folgendes Testprogramm verwenden:

```
public static void main(String[] args) {

PersonalVerwaltung pv = new PersonalVerwaltung();
Mitarbeiter m1 = new Mitarbeiter("Josef Maier");
pv.addMitarbeiter(m1);
Mitarbeiter m2 = new Mitarbeiter("Franz Huber");
pv.addMitarbeiter(m2);
Mitarbeiter m3 = new Mitarbeiter("Werner Müller");
pv.addMitarbeiter(m3);

pv.sortMitarbeiter();
pv.listMitarbeiter();

pv.addAbrechnung(new LohnAbrechnung(1,m1,10,158));
pv.addAbrechnung(new GehaltsAbrechnung(1,m2,3010));
pv.addAbrechnung(new GehaltsAbrechnung(1,m3,2700));
pv.addAbrechnung(new LohnAbrechnung(2,m1,16,158));
pv.addAbrechnung(new GehaltsAbrechnung(2,m2,3010));
pv.addAbrechnung(new GehaltsAbrechnung(2,m3,2800));
pv.listAbrechnungen(2);
}
```

und sollten dann in etwa diese Ausgabe auf der Konsole erhalten:

```
Mitarbeiter
2, Franz Huber
1, Josef Maier
3, Werner Müller

Abrechnungen
2, Josef Maier, 2528.0
2, Franz Huber, 3010.0
2, Werner Müller, 2800.0
```

7.2.2   Lösungen

Aufgabe 1:

```java
public class Mitarbeiter {

    private static int MAX_ID = 1;

    private int id;
    private String name;


    public Mitarbeiter(String name) {
        id = MAX_ID++;
        this.name = name;
    }

    public int getId() {
        return id;
    }

    public String getName() {
        return name;
    }

    public void setName(String name) {
        this.name = name;
    }

    public String toString() {
        return id + ", " + name;
    }
}
```

Aufgabe 2:

```java
public class PersonalVerwaltung {

    private ArrayList<Mitarbeiter> mitarbeiterListe;

    public PersonalVerwaltung() {
        mitarbeiterListe =
            new ArrayList<Mitarbeiter>();
    }


    public void addMitarbeiter(Mitarbeiter m) {
        mitarbeiterListe.add(m);
    }

    public void removeMitarbeiter(Mitarbeiter m) {
        mitarbeiterListe.remove(m);
    }

    public void listMitarbeiter() {
        System.out.println("\nMitarbeiter");
        for (Mitarbeiter m : mitarbeiterListe) {
            System.out.println(m);
        }
    }
}
```

Aufgabe 3:
Neue Methode der Klasse Mitarbeiter:

```java
public boolean istKleiner(Mitarbeiter m) {
    return name.compareTo(m.name) < 0;
}
```

Neue Methode der Klasse PersonalVerwaltung:

```java
public void sortMitarbeiter() {

    for (int i = 1;i < mitarbeiterListe.size();i++) {
        for (int j = mitarbeiterListe.size() - 1;
            j >= i; j--) {

            if (mitarbeiterListe.get(j)
                .istKleiner(mitarbeiterListe
                .get(j - 1))) {

                Mitarbeiter m =
                    mitarbeiterListe.remove(j - 1);
                mitarbeiterListe.add(j, m);
            }
        }
    }
}
```

Aufgabe 4:

```java
public abstract class Abrechnung {

    private int periode;
    private Mitarbeiter mitarbeiter;

    public Abrechnung(int periode, Mitarbeiter m) {
        this.periode = periode;
        mitarbeiter = m;
    }

    public int getPeriode() {
        return periode;
    }

    public Mitarbeiter getMitarbeiter() {
        return mitarbeiter;
    }

    public abstract double getVerdienst();

    public String toString() {
        return periode + ", " +
                mitarbeiter.getName() + ", " +
                getVerdienst();
    }
}

public class GehaltsAbrechnung extends Abrechnung {

    private double gehalt;

    public GehaltsAbrechnung(int periode,
                    Mitarbeiter m, double gehalt) {
        super(periode, m);
        this.gehalt = gehalt;
    }

    public double getVerdienst() {
        return gehalt;
    }
}


public class LohnAbrechnung extends Abrechnung {

    private double stundenLohn;
    private double anzahlStunden;

    public LohnAbrechnung(int periode, Mitarbeiter m,
                    double stundenlohn, int stunden) {
        super(periode, m);
        stundenLohn = stundenlohn;
        anzahlStunden = stunden;
    }

    public double getVerdienst() {
        return stundenLohn * anzahlStunden;
    }
}
```

Aufgabe 5:
Neue Methode der Klasse PersonalVerwaltung:

```
public void listAbrechnungen(int periode) {
    System.out.println("\nAbrechnungen");
    for (Abrechnung a : abrechnungsListe) {
        if (a.getPeriode() != periode) continue;
        System.out.println(a);
    }
}
```

Aufgabe 6:
Änderungen in der Klasse Mitarbeiter:

```
public class Mitarbeiter
    implements Comparable<Mitarbeiter> {

    ...

    public int compareTo(Mitarbeiter m) {
        return name.compareTo(m.name);
    }
}
```

Außerdem wird in PersonalVeraltung *durch* compareTo() *jetzt die Methode* istKleiner() *nicht mehr benötigt und kann daher gelöscht werden.*

Geänderte sortMitarbeiter() *Methode in der Klasse* Personal Verwaltung:

```
public void sortMitarbeiter() {
    Collections.sort(mitarbeiterListe);
}
```

Klassendiagramm

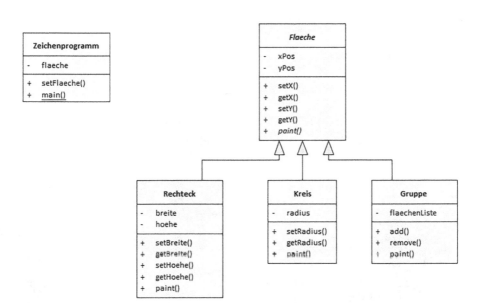

© Springer-Verlag GmbH Deutschland, ein Teil von Springer Nature 2020

C. Silberbauer, *Einstieg in Java und OOP*,

https://doi.org/10.1007/978-3-662-61309-2_8

Quellcode

```java
public abstract class Flaeche {

    private int xPos;
    private int yPos;

    public Flaeche(int x, int y) {
        setX(x);
        setY(y);
    }

    public void setX(int x) {
        if (x >= 0) xPos = x;
    }

    public int getX() {
        return xPos;
    }
    public void setY(int y) {
        if (y >= 0) yPos = y;
    }

    public int getY() {
        return yPos;
    }

    public abstract void paint(Graphics g);
}


public class Rechteck extends Flaeche {

    private int breite;
    private int hoehe;

    public Rechteck(int x, int y,
                    int breite, int hoehe) {
        super(x, y);
        setBreite(breite);
        setHoehe(hoehe);
    }

    public void setBreite(int breite) {
        if (breite > 0) this.breite = breite;
    }

    public int getBreite() {
        return breite;
    }
    public void setHoehe(int hoehe) {
        if (hoehe > 0) this.hoehe = hoehe;
    }

    public int getHoehe() {
        return hoehe;
    }

    public void paint(Graphics g) {
        g.drawRect(getX(), getY(), breite, hoehe);
    }
}
```

```java
public class Kreis extends Flaeche {

    private int radius;

    public Kreis(int x, int y, int radius) {
        super(x, y);
        setRadius(radius);
    }

    public void setRadius(int radius) {
        if (radius > 0) this.radius = radius;
    }

    public int getRadius() {
        return radius;
    }

    public void paint(Graphics g) {
        g.drawOval(getX(),getY(),radius*2,radius*2);
    }
}

public class Gruppe extends Flaeche {

    private ArrayList<Flaeche> flaechenListe;

    public Gruppe(int x, int y) {
        super (x, y);
        flaechenListe = new ArrayList<Flaeche>();
    }

    public void add(Flaeche... flaechen) {
        for (Flaeche f : flaechen)
            flaechenListe.add(f);
    }

    public void remove(Flaeche f) {
        flaechenListe.remove(f);
    }

    public void paint(Graphics g) {
        g.translate(getX(), getY());
        for (Flaeche f : flaechenListe) f.paint(g);
        g.translate(-getX(), -getY());
    }
}
```

```java
public class Zeichenprogramm extends Frame {

    private Flaeche flaeche;

    public Zeichenprogramm() {
        setSize(360,320);

        add(new Canvas() {
            public void paint(Graphics g) {
                g.setColor(Color.RED);
                if (flaeche != null) flaeche.paint(g);
            }
        });

        addWindowListener(new WindowAdapter() {
            public void windowClosing(WindowEvent e) {
                System.exit(0);
            }
        });

        setVisible(true);
    }

    public void setFlaeche(Flaeche flaeche) {
        this.flaeche = flaeche;
    }

    public static void main(String[] args) {

        Zeichenprogramm z = new Zeichenprogramm();

        Gruppe root = new Gruppe(0,0);

        Rechteck r = new Rechteck(0,0,100,190);
        Kreis k1 = new Kreis(10,10,40);
        Kreis k2 = new Kreis(10,100,40);

        Gruppe g1 = new Gruppe(50,50);
        g1.add(r, k1, k2);

        Gruppe g2 = new Gruppe(200,50);
        g2.add(r, k1, k2);

        root.add (g1, g2);
        z.setFlaeche(root);
    }
}
```

Literatur

1. Böhm, O.: Aspektorientierte Programmierung mit AspectJ 5. dpunkt, Heidelberg (2006)
2. Booch, G.: Object-oriented Analysis and Design with Applications, 3. Aufl. Addison-Wesley, Massachusetts (2001)
3. Brügge, B., Dutoit, A.: Objektorientierte Softwaretechnik. Pearson Studium, München (2004)
4. Dijkstra, E.: Go to statement considered harmful. http://www.cs.utexas.edu/users/EWD/ewd02xx/EWD215.PDF (1968)
5. Eclipse Foundation: The aspectj programming guide. https://www.eclipse.org/aspectj/doc/released/progguide/index.html. Zugegriffen: 6. Jan. 2020
6. Freeman, E., Robson, E., Sierra, K., Bates, B.: Entwurfsmuster von Kopf bis Fuß, 2. Aufl. O'Reilly, Heidelberg (2006)
7. Gamma, E., Helm, R., Johnson, R., Vlissides, J.: Design Patterns. Addison-Wesley, Boston (1995)
8. Gosling, J., Joy, B., Steele, G., Bracha, G., Buckley, A., Smith, D.: The Java language specification, Java SE 13 Edition. https://docs.oracle.com/javase/specs/jls/se13/html/index.html (2019)
9. Henning, P., Vogelsang, H.: Handbuch Programmiersprachen. Hanser, München (2007)
10. Jobst, F.: Programmieren in Java, 7. Aufl. Hanser, München (2014)
11. Kernighan, B., Ritchie, D.: The C programming language, 2. Aufl. Prentice Hall Software, Englewood Cliffs (1988)
12. Schneider, U., Werner, D.: Taschenbuch der Informatik, 6. Aufl. Hanser, Berlin (2007)

© Springer-Verlag GmbH Deutschland, ein Teil von Springer Nature 2020   151
C. Silberbauer, *Einstieg in Java und OOP*,
https://doi.org/10.1007/978-3-662-61309-2

Stichwortverzeichnis

© Springer-Verlag GmbH Deutschland, ein Teil von Springer Nature 2020
C. Silberbauer, *Einstieg in Java und OOP*,
https://doi.org/10.1007/978-3-662-61309-2

Verzweigung, 18
Vlissides, John, 105
VMT (Virtuelle Methodentabelle), 79

W
Wert, boolescher, 18
Wertetyp, 53
while-Schleife, 21
Wiederholungsanweisung, 21
Wildcard, 111
WindowAdapter, 84
WindowEvent, 84

Z
Zeichenkette, 54
Zeichenliteral, 54
Zuordnung, 96
Zuse, Konrad, 24
Zustand, 13

CPSIA information can be obtained
at www.ICGtesting.com
Printed in the USA
LVHW081708150820
663287LV00004B/47